IGER-TRAINER

AF202530

2

Autoren:

Matthias Heidenreich, Thomas Laubis,
Martina Kinkel-Craciunescu,
Tamara Kropf, Karen Wieland

Bestell-Nr. 2505-26 · ISBN 978-3-619-25526-9
© 2010 Mildenberger Verlag GmbH, 77610 Offenburg
www.mildenberger-verlag.de · E-Mail: info@mildenberger-verlag.de

Auflage	9	8	7	6
Jahr	2020	2019	2018	2017

Bezugsmöglichkeiten
Alle Titel des Mildenberger Verlags erhalten Sie unter: www.mildenberger-verlag.de oder im Buchhandel.
Jede Buchhandlung kann alle Titel direkt über den Mildenberger Verlag beziehen. Ausnahmen kann es bei Titeln mit Lösungen geben: Hinweise hierzu finden Sie in unserem aktuellen Gesamtprogramm.

Layout und Illustrationen: Judith Heusch, 79362 Forchheim
Redaktion: Bettina Eckert / Grafik: Mildenberger Verlag
Druck: Gmähle-Scheel Print-Medien GmbH, 71336 Waiblingen
Gedruckt auf umweltfreundlichen Papieren

 Mildenberger

① 3 + 5 = ☐   4 + 2 = ☐   2 + 7 = ☐   4 + 6 = ☐   1 + 7 = ☐

13 + 5 = ☐   14 + 2 = ☐   12 + 7 = ☐   14 + 6 = ☐   11 + 7 = ☐

② 4 + 3 = ☐   5 + 5 = ☐   3 + 6 = ☐   2 + 5 = ☐   1 + 3 = ☐

14 + 3 = ☐   15 + 5 = ☐   13 + 6 = ☐   12 + 5 = ☐   11 + 3 = ☐

③ 5 − 2 = ☐   7 − 3 = ☐   9 − 2 = ☐   8 − 5 = ☐   10 − 1 = ☐

15 − 2 = ☐   17 − 3 = ☐   19 − 2 = ☐   18 − 5 = ☐   20 − 1 = ☐

④ 6 − 4 = ☐   4 − 4 = ☐   8 − 6 = ☐   4 − 3 = ☐   7 − 5 = ☐

16 − 4 = ☐   14 − 4 = ☐   18 − 6 = ☐   14 − 3 = ☐   17 − 5 = ☐

Setze ein: <, >, =.

⑤ 9 ◯ 11   ⑥ 13 + 2 ◯ 16   ⑦ 10 ◯ 18 − 9   ⑧ 11 + 5 ◯ 20 − 4

13 ◯ 10   16 + 4 ◯ 20   8 ◯ 14 − 7   17 − 4 ◯ 12 + 6

17 ◯ 17   8 + 5 ◯ 12   6 ◯ 12 − 6   10 + 9 ◯ 18 − 3

① 6 + 7 =

6 + 4 + 3 =

7 + 4 =

7 + ☐ + ☐ = ☐

9 + 3 =

9 + ☐ + ☐ = ☐

8 + 5 =

8 + ☐ + ☐ = ☐

② 2 + 9 =

2 + ☐ + ☐ = ☐

9 + 7 =

9 + ☐ + ☐ = ☐

7 + 6 =

7 + ☐ + ☐ = ☐

5 + 7 =

5 + ☐ + ☐ = ☐

③ 13 − 8 =

13 − 3 − 5 =

17 − 8 =

17 − ☐ − ☐ = ☐

14 − 6 =

14 − ☐ − ☐ = ☐

15 − 7 =

15 − ☐ − ☐ = ☐

④ 18 − 9 =

18 − ☐ − ☐ = ☐

13 − 5 =

13 − ☐ − ☐ = ☐

16 − 9 =

16 − ☐ − ☐ = ☐

12 − 6 =

12 − ☐ − ☐ = ☐

①

+6		+14

___ + 6 = 14

14 − 6 = ___

−5		8

___ − 5 = 8

8 + 5 = ___

+9		16

_____

_____

−7		6

_____

_____

②

+8		12

_____

_____

−6		9

_____

_____

+4		13

_____

_____

−10		7

_____

_____

③ 5 + 7 = _____

12 − 7 = _____

8 + 9 = _____

17 − _____

14 − 8 = ___

6 + _____

17 − 9 = ___

_____

④ ___ + 6 = 15

15 − 6 = ___

___ + 5 = 11

_____

___ − 6 = 6

_____

___ − 5 = 7

_____

Baue mit den Grundsteinen $\boxed{3}$ $\boxed{5}$ $\boxed{8}$ Rechenmauern.

Wie muss man bauen, um die größte oder kleinste Zahl zu erhalten?

Immer 4 Aufgaben.

① **8** **7** **15**

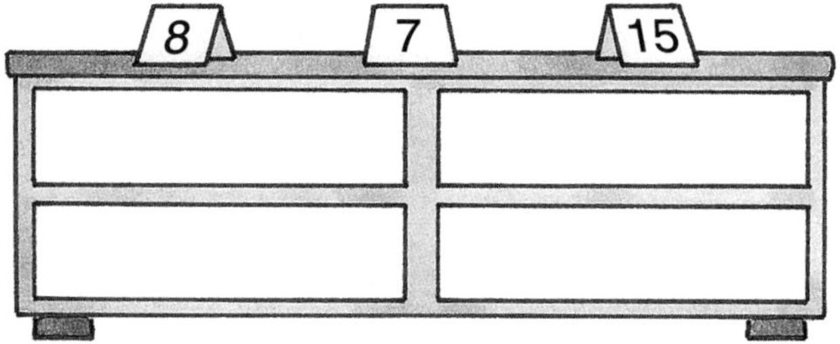

② **14** ☐ **5**

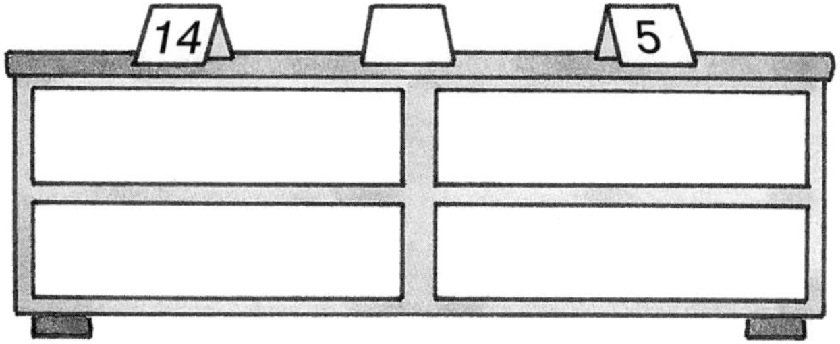

③ **7** **11** ☐

④ **6** ☐ **13**

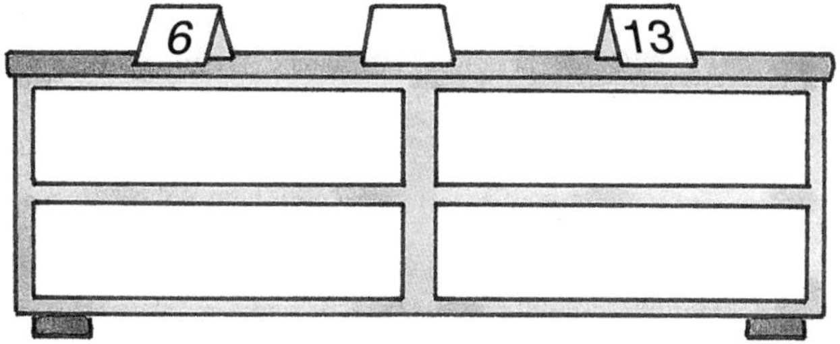

⑤ ☐ **20** **5**

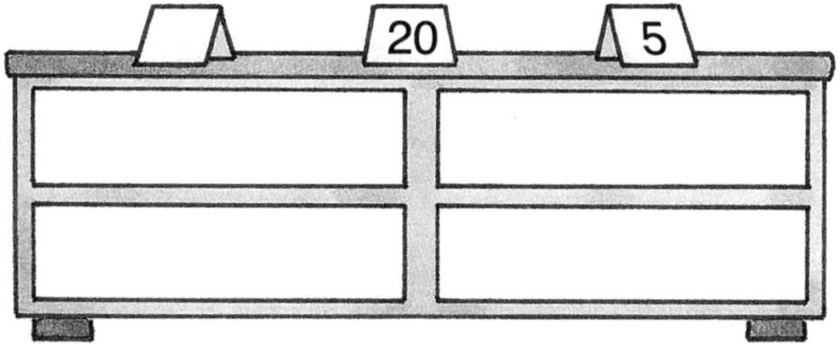

⑥ **60** **20** ☐

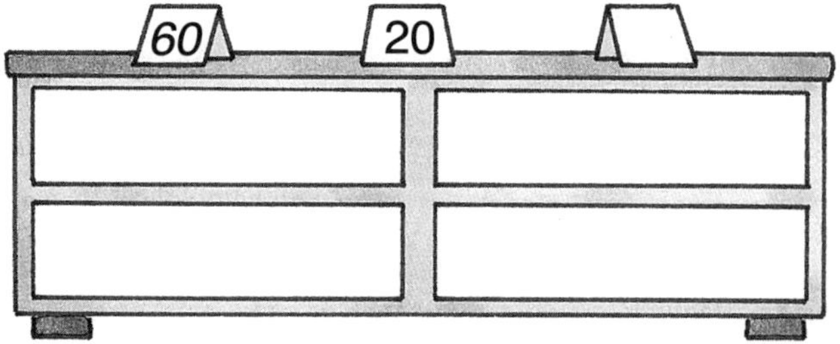

① 2 + 6 =   3 + 4 =   5 + 2 =   1 + 8 =

20 + 60 =   30 + 40 =   50 + 20 =   10 + 80 =

② 8 − 3 =   5 − 4 =   9 − 6 =   7 − 2 =

80 − 30 =   50 − 40 =   90 − 60 =   70 − 20 =

③ 4 + 2 =   7 + 3 =   5 + 4 =   3 + 3 =

40 + 20 =   70 + 30 =   50 + 40 =   30 + 30 =

④ 9 − 5 =   6 − 4 =   10 − 5 =   8 − 6 =

90 − 50 =   60 − 40 =   100 − 50 =   80 − 60 =

⑤ 1 + 7 =   9 − 7 =   2 + 8 =   7 − 4 =

10 + 70 =   90 − 70 =   20 + 80 =   70 − 40 =

① 60 + ▢ = 90

40 + ▢ = 80

20 + ▢ = 70

50 + ▢ = 60

10 + ▢ = 40

② 80 − ▢ = 30

60 − ▢ = 20

90 − ▢ = 10

70 − ▢ = 40

40 − ▢ = 0

③ ▢ + 40 = 90

▢ + 10 = 30

▢ + 60 = 80

▢ + 30 = 100

▢ + 50 = 60

④ ▢ − 50 = 50

▢ − 70 = 10

▢ − 40 = 30

▢ − 20 = 40

▢ − 80 = 0

Setze ein: >, <, =.

⑤ 30 ◯ 60

50 ◯ 10

20 ◯ 0

40 ◯ 40

70 ◯ 90

⑥ 10 + 40 ◯ 30

80 − 60 ◯ 10

30 + 20 ◯ 50

90 − 70 ◯ 40

50 + 10 ◯ 70

⑦ 80 ◯ 60 − 30

100 ◯ 20 + 80

60 ◯ 70 − 40

40 ◯ 90 − 20

90 ◯ 80 − 50

⑧ 20 + 70 ◯ 80 − 10

90 − 90 ◯ 70 + 20

30 + 50 ◯ 100 − 20

80 − 70 ◯ 40 + 60

10 + 30 ◯ 90 − 50

8

①

+	4	6	9
3			
5			
7			
8			

②

+	5	7	8
4			
6			
9			
10			

③

–	3	4	7
20			
17			
15			
13			

④

–	6	8	9
19			
16			
14			
12			

① 30 + 40 + 10 = ☐   20 + 10 + 30 = ☐   40 + ☐ + 20 = 70

50 + 10 + 10 = ☐   10 + 10 + 80 = ☐   30 + ☐ + 30 = 80

20 + 60 + 10 = ☐   20 + 30 + 40 = ☐   60 + ☐ + 40 = 100

② 100 − 20 − 20 = ☐   80 − 20 − 20 = ☐   40 − ☐ − 30 = 0

90 − 30 − 40 = ☐   60 − 10 − 40 = ☐   80 − ☐ − 10 = 10

70 − 30 − 30 = ☐   50 − 20 − 10 = ☐   90 − ☐ − 70 = 0

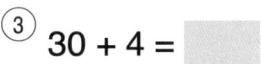

③ 30 + 4 = ☐   ④ 10 + 5 = ☐   ⑤ 74 = 70 + 4   ⑥ 69 = 60 + ___

50 + 7 = ☐   40 + 9 = ☐   33 = 30 + ___   91 = ___

20 + 8 = ☐   70 + 6 = ☐   87 = ___   25 = ___

90 + 3 = ☐   80 + 0 = ☐   52 = ___   40 = ___

①

+	7	4	2
9			
6			
5			
3			

②

+	9	6	5
2			
4			
7			
8			

③

–	9	7	5
11			
14			
18			
20			

④

–	8	6	4
12			
13			
15			
17			

1

$2 + 7 = $ ▢

$12 + 7 = $ ▢

$3 + 5 = $ ▢

$13 + 5 = $ ▢

$4 + 3 = $ ▢

$14 + 3 = $ ▢

2

$10 - 9 = $ ▢

$20 - 9 = $ ▢

$8 - 6 = $ ▢

$18 - 6 = $ ▢

$6 - 4 = $ ▢

$16 - 4 = $ ▢

3

$7 + 6 = $ ▢

$17 + 6 = $ ▢

$6 + 9 = $ ▢

$16 + 9 = $ ▢

$8 + 5 = $ ▢

$18 + 5 = $ ▢

4

$14 - 8 = $ ▢

$24 - 8 = $ ▢

$13 - 4 = $ ▢

$23 - 4 = $ ▢

$11 - 7 = $ ▢

$21 - 7 = $ ▢

5

$5 + $ ▢ $ = 12$

$7 + $ ▢ $ = 15$

$4 + $ ▢ $ = 13$

$9 + $ ▢ $ = 17$

6

▢ $ + 8 = 11$

▢ $ + 6 = 13$

▢ $ + 5 = 14$

▢ $ + 7 = 12$

7

$14 - $ ▢ $ = 9$

$17 - $ ▢ $ = 8$

$16 - $ ▢ $ = 9$

$15 - $ ▢ $ = 7$

8

▢ $ - 4 = 7$

▢ $ - 6 = 9$

▢ $ - 8 = 6$

▢ $ - 7 = 5$

Schreibe jeweils auf drei Arten.

① 37 = 3 Z 7 E = ||| :::.

73 = _____ = _____

26 = _____ = _____

62 = _____ = _____

48 = _____ = _____

② 5 Z 1 E = ____ = _____

1 Z 5 E = ____ = _____

9 Z 0 E = ____ = _____

0 Z 9 E = ____ = _____

6 Z 3 E = ____ = _____

③ |||| :: = ____ = _____

||||| || = ____ = _____

| :::: = ____ = _____

||||| ||| , = ____ = _____

:::: = ____ = _____

Ordne die Zahlen der Größe nach.
Verwende <.

④ 37, 78, 51, 20

_____ < _____ < _____ < _____

⑤ 55, 7, 31, 48

_____

⑥ 33, 52, 18, 0

_____

Verwende >.

⑦ 38, 83, 28, 82

_____

⑧ 17, 77, 71, 67

_____

⑨ 55, 5, 95, 59

_____

Setze ein: <, >, =.

① sechsundfünfzig ⬤ fünfundsechzig

dreiundachtzig ⬤ achtunddreißig

sechzehn ⬤ siebzehn

neunundneunzig ⬤ neunundachtzig

② vierundzwanzig ⬤ einundzwanzig

sechsunddreißig ⬤ dreiundsechzig

einundneunzig ⬤ einhunderteins

siebenundvierzig ⬤ vierundsiebzig

Bilde Zahlen und schreibe sie in Ziffern auf.

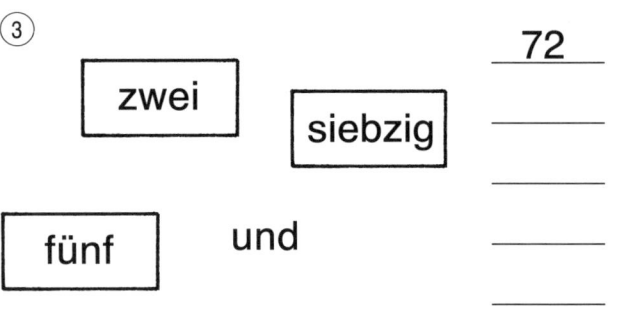

③

zwei		72
siebzig		___
fünf	und	___
sieben	dreißig	___
		___

④

drei	achtzig	___
acht	und	___
neun	zehn	___
		___

①   1 + 6 = ☐   6 − 4 = ☐   5 + 3 = ☐   8 − 7 = ☐   4 + 5 = ☐

   11 + 6 = ☐   16 − 4 = ☐   15 + 3 = ☐   18 − 7 = ☐   14 + 5 = ☐

②   1 + 5 = ☐   3 + 7 = ☐   1 + 6 = ☐   8 − 5 = ☐   9 − 7 = ☐

   10 + 50 = ☐   30 + 70 = ☐   10 + 60 = ☐   80 − 50 = ☐   90 − 70 = ☐

③   30 + ☐ = 90   20 + ☐ = 80   90 − ☐ = 40   60 − ☐ = 40

   70 + ☐ = 90   40 + ☐ = 80   90 − ☐ = 10   60 − ☐ = 0

Setze ein: <, >, =.

④   30 27 + 4   50 + 4 40   80 − 40 41   13 + 3 17 − 4

   80 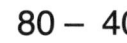 90 − 10   6 + 10 15   22 + 60 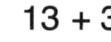 70   9 − 6 2 + 5

①

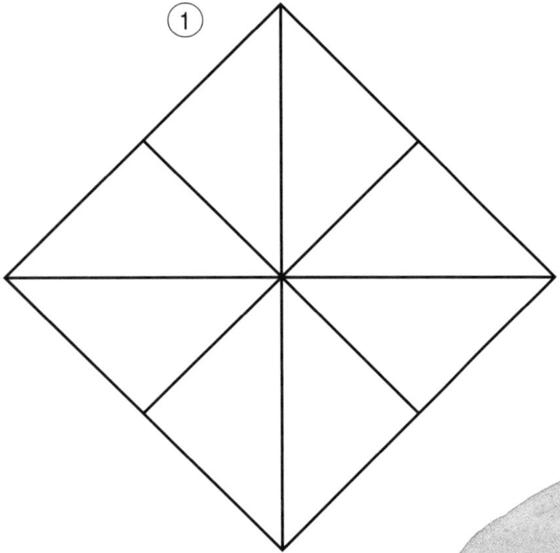

Wie viele Formen sind versteckt?

[ ] Quadrate

[ ] Dreiecke

[ ] Rechtecke

Setze fort.

②

△	☐	○	△								

③

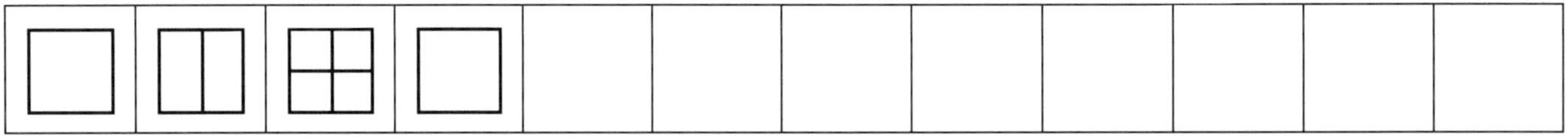

☐	☐	☐	☐								

16

Schreibe die Zahlen, die anstelle der Buchstaben stehen müssten, der Größe nach auf.
Schreibe dann die Buchstaben dazu. Wie heißen die Wörter?

①

Vorgänger	Zahl	Nachfolger
	19	
	21	
	32	
	43	
	56	
	64	
	88	

②

Vorgänger	Zahl	Nachfolger
	10	
	20	
	50	
60		
		80
90		
		100

③

Vorgänger	Zahl	Nachfolger
	99	
		12
	37	
78		
	54	
		41
	29	

Schreibe die Nachbarzehner auf.

④
30 < 38 < 40

☐ < 71 < ☐

☐ < 25 < ☐

☐ < 84 < ☐

⑤
☐ < 12 < ☐

☐ < 49 < ☐

☐ < 60 < ☐

☐ < 93 < ☐

⑥
☐ < 56 < ☐

☐ < 7 < ☐

☐ < 66 < ☐

☐ < 10 < ☐

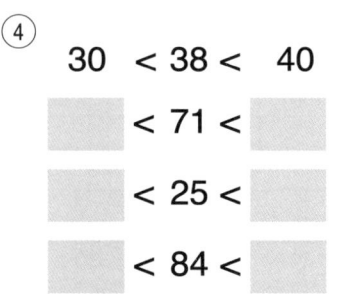
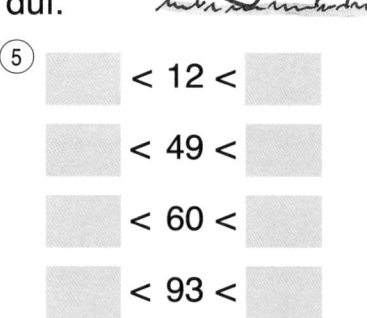
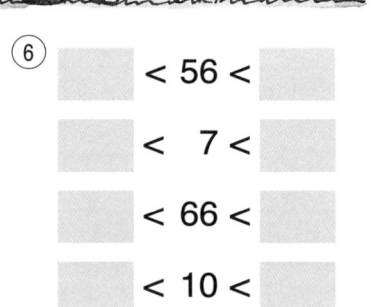

① 58 + ☐ = 60

36 + ☐ = 40

85 + ☐ = 90

41 + ☐ = 50

63 + ☐ = 70

② 74 – ☐ = 70

92 – ☐ = 90

29 – ☐ = 20

7 – ☐ = 0

50 – ☐ = 40

③ 80 + ☐ = 87

10 + ☐ = 20

60 + ☐ = 65

40 + ☐ = 48

20 + ☐ = 24

④ 50 – ☐ = 43

30 – ☐ = 21

70 – ☐ = 66

100 – ☐ = 92

90 – ☐ = 89

⑤ 5 + 4 = ☐

15 + 4 = ☐

25 + 4 = ☐

⑥ 8 – 4 = ☐

18 – 4 = ☐

28 – 4 = ☐

⑦ 4 + 6 = ☐

14 + 6 = ☐

24 + 6 = ☐

⑧ 9 – 7 = ☐

19 – 7 = ☐

29 – 7 = ☐

① 26 + 4 =

26 + 5 =

26 + 6 =

26 + 7 =

26 + 8 =

② 47 + 3 =

47 + 5 =

47 + 6 =

47 + 7 =

47 + 9 =

③ 82 − 2 =

82 − 3 =

82 − 4 =

82 − 5 =

82 − 6 =

④ 54 − 4 =

54 − 6 =

54 − 7 =

54 − 8 =

54 − 10 =

⑤ 38 + = 40

38 + = 41

38 + = 42

38 + = 43

38 + = 44

⑥ 79 + = 80

79 + = 82

79 + = 84

79 + = 86

79 + = 88

⑦ 63 − = 60

63 − = 59

63 − = 58

63 − = 57

63 − = 56

⑧ 95 − = 90

95 − = 88

95 − = 87

95 − = 85

95 − = 84

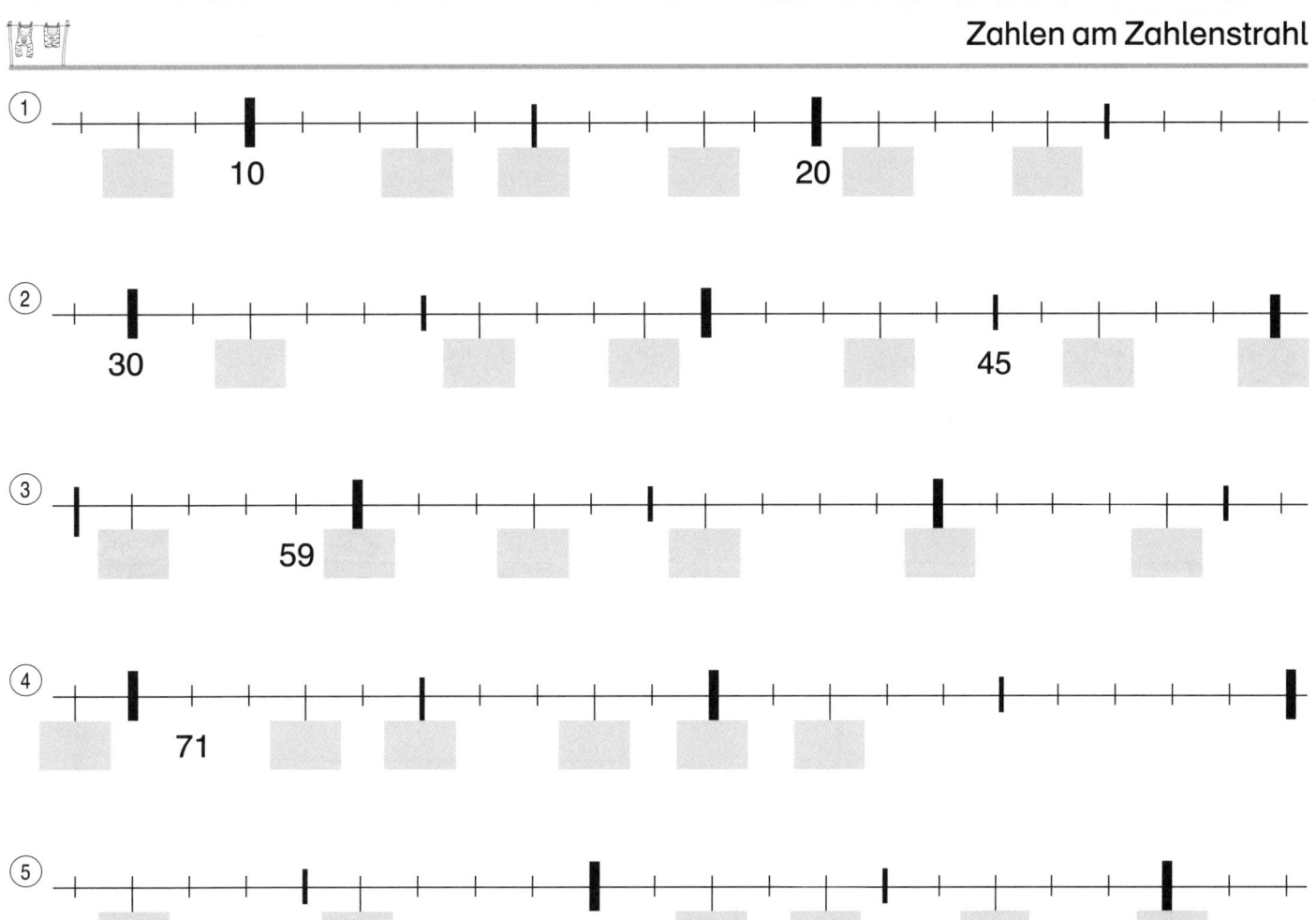

Finde die Regeln und setze die Zahlenfolgen fort.

① 7, 17, 27, ___, ___, ___, ___, ___, ___, ___, ___,

② 4, 8, 12, ___, ___, ___, ___, ___, ___, ___,

③ 11, 16, 21, ___, ___, ___, ___, ___, ___, ___,

④ 99, 96, 93, ___, ___, ___, ___, ___, ___, ___,

⑤

+	2	3	6	8	9
8					
38					
78					
4					
24					
54					

⑥

−	3	2	7	5	4
13					
63					
93					
35					
55					
75					

① 6 + 7 =

16 + 7 =

26 + 7 =

② 12 − 8 =

22 − 8 =

32 − 8 =

③ 8 + 9 =

18 + 9 =

28 + 9 =

④ 11 − 6 =

21 − 6 =

31 − 6 =

⑤ 4 + 30 =

24 + 30 =

44 + 30 =

⑥ 35 − 20 =

45 − 20 =

55 − 20 =

⑦ 2 + 20 =

22 + 20 =

42 + 20 =

⑧ 99 − 30 =

89 − 30 =

79 − 30 =

① 53 + ⬜ = 60

② 89 − ⬜ = 80

③ 67 + ⬜ = 70

36 + ⬜ = 40

45 − ⬜ = 40

84 + ⬜ = 90

71 + ⬜ = 80

22 − ⬜ = 20

18 + ⬜ = 20

④ 27 + 5 = ⬜

⑤ 71 − 6 = ⬜

⑥ 88 + 4 = ⬜

⑦ 34 − 5 = ⬜

83 + 8 = ⬜

35 − 9 = ⬜

19 + 7 = ⬜

63 − 8 = ⬜

56 + 4 = ⬜

92 − 3 = ⬜

76 + 9 = ⬜

45 − 9 = ⬜

⑧

50

⑨

75

⑩ 9, 15, 21, ⬜, ⬜, ⬜, ⬜, ⬜, 63

⑪ 35, 31, 27, ⬜, ⬜, ⬜, ⬜, ⬜, 3

24

Finde die Regeln und setze die Zahlenfolgen fort.

① 100, 94, 88, ⬜ , ⬜ , ⬜ , ⬜ , ⬜ , ⬜ , ⬜ , ⬜ ,

② 0, 6, 2, 8, 4, ⬜ , ⬜ , ⬜ , ⬜ , ⬜ , ⬜ , ⬜ ,

③ 95, 85, 88, 78, 81, ⬜ , ⬜ , ⬜ , ⬜ , ⬜ , ⬜ ,

④

	40		
		15	
15			0

⑤

44		
	22	
11		
	6	

⑥

64		
	32	
	20	
	10	

① 17 + 20 = ☐

44 + 50 = ☐

23 + 70 = ☐

56 + 30 = ☐

8 + 60 = ☐

② 10 + 81 = ☐

40 + 38 = ☐

70 + 19 = ☐

30 + 65 = ☐

60 + 24 = ☐

③ 36 + ☐ = 56

75 + ☐ = 85

48 + ☐ = 88

29 + ☐ = 79

11 + ☐ = 91

④ ☐ + 65 = 75

☐ + 39 = 69

☐ + 5 = 55

☐ + 21 = 61

☐ + 54 = 84

⑤ 64 + 7 = ☐

88 + 6 = ☐

33 + 9 = ☐

52 + 5 = ☐

26 + 8 = ☐

⑥ 28 + 31 = ☐

42 + 16 = ☐

57 + 22 = ☐

36 + 44 = ☐

61 + 25 = ☐

⑦ 2 + 17 = ☐

83 + 10 = ☐

73 + 26 = ☐

18 + 32 = ☐

24 + 65 = ☐

⑧ 37 + 50 = ☐

72 + 23 = ☐

8 + 92 = ☐

43 + 36 = ☐

29 + 71 = ☐

1

+5   −1   +8   −7   +10

19   30

2

−6   +2   −9   +4   −3

65   57

3

+9   +6   −8   −5   +7

96   90

4
   + 8 = 25
   + 4 = 32
   + 6 = 53

5
   − 9 = 48
   − 3 = 69
   − 7 = 92

6
   + 7 = 33
   − 4 = 68
   + 9 = 43

7
   − 5 = 77
   + 6 = 42
   − 2 = 58

① Leila hat 25 Steine.
Sarah hat 14 Steine mehr.

F: _____

R:

A: _____

② Tobias hat 59 Nüsse.
Tom hat 26 Nüsse mehr.

F: _____

R:

A: _____

③ Julien hat 37 Murmeln.
Felix hat doppelt so viele Murmeln.

F: _____

R:

A: _____

④ Tina hat 48 Eicheln.
Diana hat 34 Eicheln mehr.

F: _____

R:

A: _____

① 27 + 38 = _____

27 + 30 = _____

_____

② 53 + 39 = _____

_____

_____

③ 64 + 27 = _____

_____

_____

④ 48 + 34 = _____

_____

_____

⑤ 35 + 56 = _____

_____

_____

⑥ 42 + 29 = _____

_____

_____

⑦ 16 + 57 = _____

_____

_____

⑧ 29 + 45 = _____

_____

_____

⑨ 39 →(+42)→ ☐

+ 40 ↘ 79 ↗ ⬭

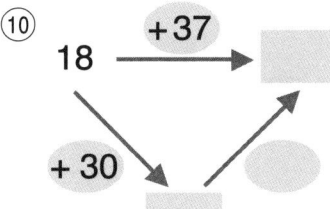

⑩ 18 →(+37)→ ☐

+ 30 ↘ ☐ ↗ ⬭

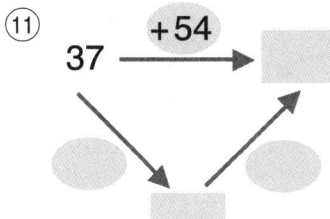

⑪ 37 →(+54)→ ☐

⬭ ↘ ☐ ↗ ⬭

⑫ 51 →(+19)→ ☐

⬭ ↘ ☐ ↗ ⬭

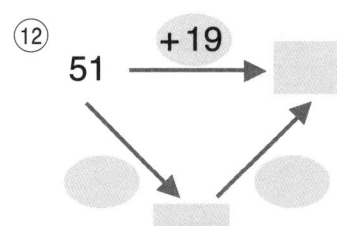

⑬ 36 →(+28)→ ☐

⬭ ↘ ☐ ↗ ⬭

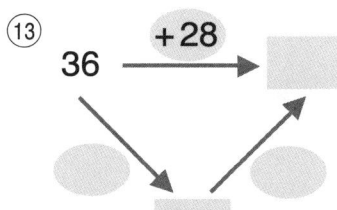

⑭ 4 →(+89)→ ☐

⬭ ↘ ☐ ↗ ⬭

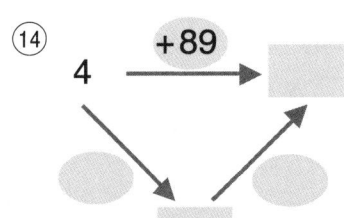

29

① 26 + 5 =
46 + 6 =
56 + 7 =
66 + 8 =
86 + 9 =

② 18 + 80 =
27 + 60 =
46 + 40 =
55 + 30 =
74 + 20 =

③ 32 − 7 =
52 − 6 =
62 − 5 =
82 − 4 =
92 − 3 =

④ 49 − 30 =
59 − 50 =
79 − 60 =
89 − 70 =
99 − 90 =

⑤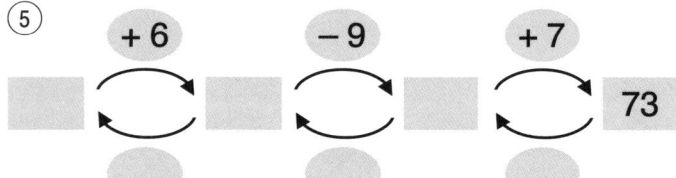

+ 6   − 9   + 7   73

⑦

+	5	50	55
18			
28			
48			

⑥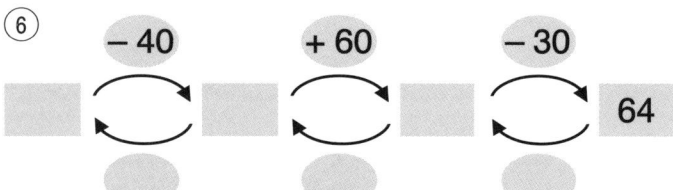

− 40   + 60   − 30   64

⑧

−	8	20	28
33			
43			
63			

① 11 + 79 =

22 + 68 =

33 + 57 =

_____

_____

_____

_____

② 90 – 10 =

80 – 11 =

70 – 12 =

_____

_____

_____

_____

③ 12 + 12 =

13 + 13 =

14 + 14 =

_____

_____

_____

_____

④ 88 – 44 =

86 – 43 =

84 – 42 =

_____

_____

_____

_____

⑤ 20 + 30 =

22 + 32 =

24 + 34 =

_____

_____

_____

_____

⑥ 70 – 50 =

69 – 51 =

68 – 52 =

_____

_____

_____

_____

⑦ 80 + 15 =

75 + 20 =

70 + 25 =

_____

_____

_____

_____

⑧ 100 – 95 =

95 – 85 =

90 – 75 =

_____

_____

_____

_____

①

_____ Uhr

_____ Uhr

_____ Uhr

_____ Uhr

_____ Uhr

_____ Uhr

_____ Uhr

_____ Uhr

_____ Uhr

_____ Uhr

②

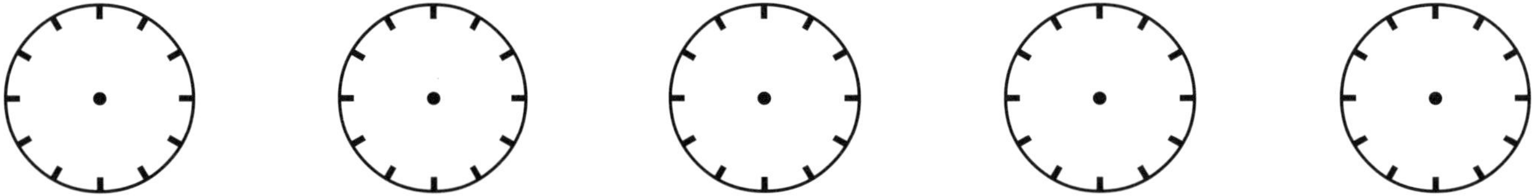

3.15 Uhr   16.45 Uhr   7.30 Uhr   8.45 Uhr   12.30 Uhr

③ halb 12   viertel vor 8   viertel nach 9   halb 4   viertel nach 5

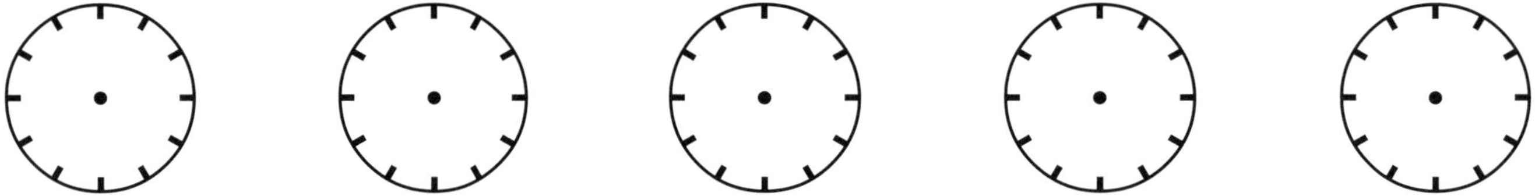

_____ Uhr

_____ Uhr

_____ Uhr

_____ Uhr

_____ Uhr

_____ Uhr

_____ Uhr

_____ Uhr

_____ Uhr

_____ Uhr

① 59 + 3 =

  48 + 7 =

  70 + 8 =

  61 + 9 =

② 63 − 4 =

  78 − 9 =

  82 − 5 =

  90 − 6 =

③ ▢ + 4 = 77

  ▢ + 6 = 93

  ▢ + 9 = 81

  ▢ + 3 = 56

④ 50 − ▢ = 46

  80 − ▢ = 72

  20 − ▢ = 13

  90 − ▢ = 84

⑤

    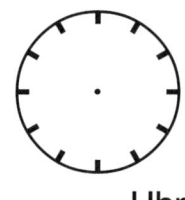

| _____ Uhr | _____ Uhr | _____ Uhr | 1.15 Uhr | _____ Uhr |
| _____ Uhr | _____ Uhr | _____ Uhr | _____ Uhr | 18.30 Uhr |

⑥ 56 + 39 = _____

⑦ 27 + 44 = _____

⑧ 48 + 35 = _____

⑨ 69 + 23 = _____

Die Muster werden immer größer. Wie viele graue Felder hätte die 10. Figur?

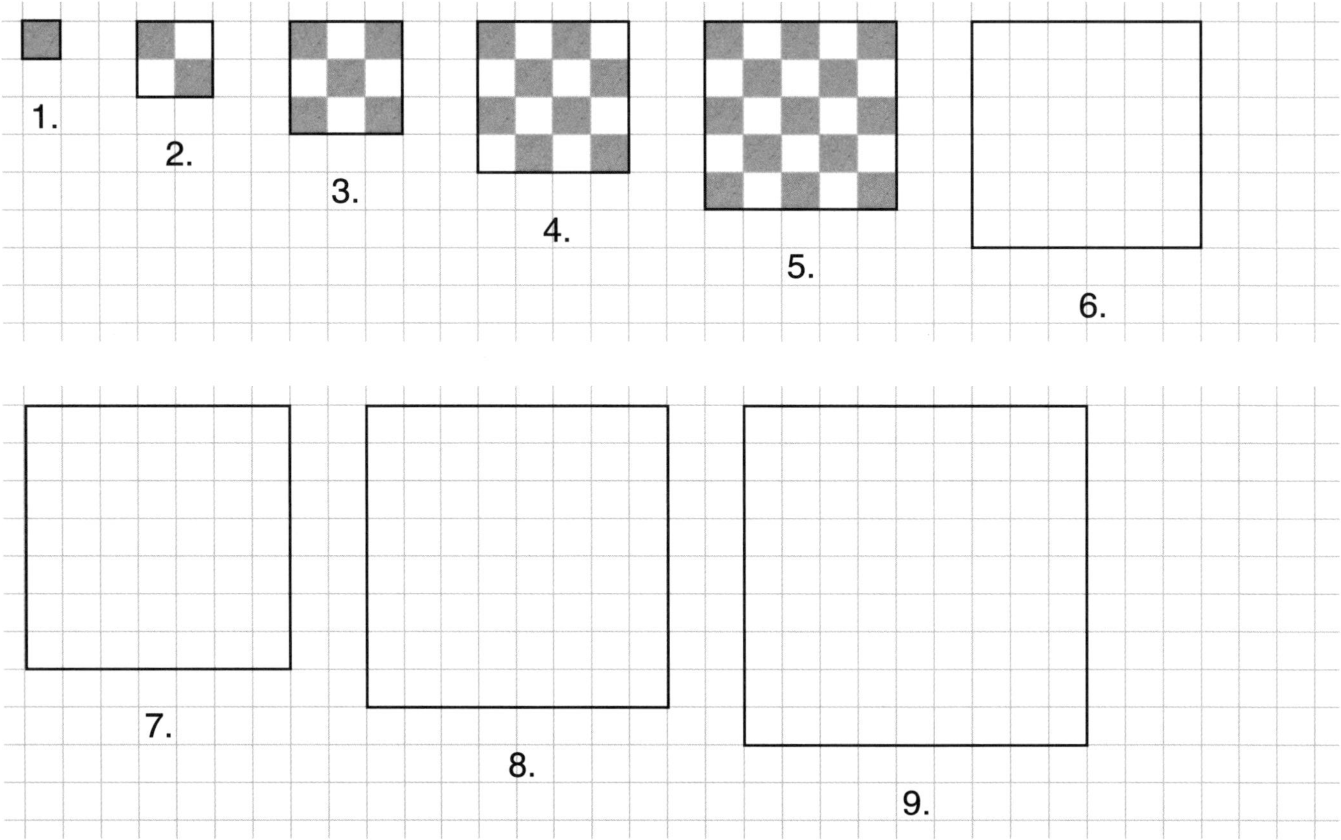

1.

2.

3.

4.

5.

6.

7.

8.

9.

Die 10. Figur hätte _____ graue Felder.

① 58 – 30 =

42 – 40 =

67 – 20 =

36 – 10 =

79 – 50 =

② 29 – 20 =

51 – 30 =

88 – 60 =

40 – 40 =

93 – 80 =

③ 56 –   = 36

85 –   = 75

91 –   = 11

79 –   = 29

88 –   = 48

④ 75 – 25 =

69 – 39 =

57 – 17 =

44 – 24 =

83 – 73 =

⑤ 25 – 8 =

62 – 5 =

57 – 9 =

41 – 4 =

36 – 7 =

⑥ 61 –   = 54

83 –   = 77

94 –   = 86

32 –   = 28

55 –   = 49

⑦ 38 – 21 =

46 – 12 =

57 – 22 =

66 – 44 =

75 – 34 =

⑧ 72 – 51 =

54 – 13 =

99 – 45 =

28 – 27 =

16 – 11 =

① 93 – 15 = _____

     93 – 10 = _____

     _____

② 82 – 27 = _____

     _____

     _____

③ 74 – 35 = _____

     _____

     _____

④ 65 – 48 = _____

     _____

     _____

⑤ 51 – 32 = _____

     _____

     _____

⑥ 46 – 19 = _____

     _____

     _____

⑦ 35 – 26 = _____

     _____

     _____

⑧ 87 – 59 = _____

     _____

     _____

⑨ 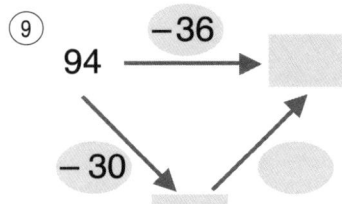 $94 \xrightarrow{-36} \square$, -30

⑩ 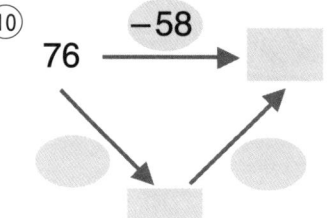 $76 \xrightarrow{-58} \square$

⑪ 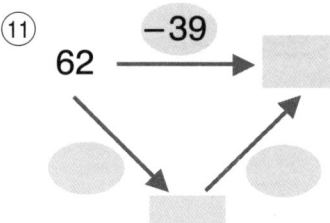 $62 \xrightarrow{-39} \square$

⑫ 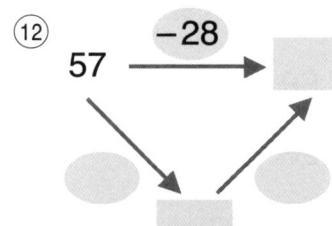 $57 \xrightarrow{-28} \square$

⑬ 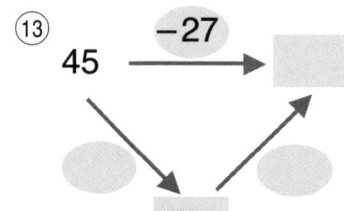 $45 \xrightarrow{-27} \square$

⑭ 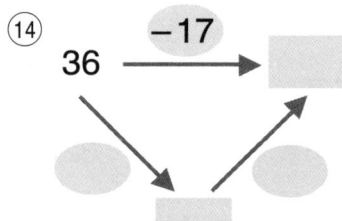 $36 \xrightarrow{-17} \square$

①

②

③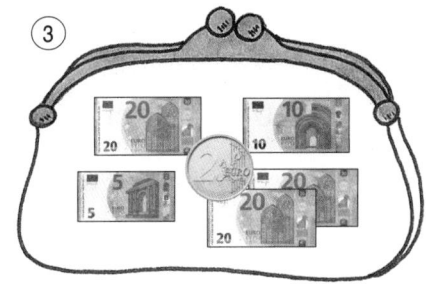

④ **Immer 60 ct !**

Mit 2 Münzen

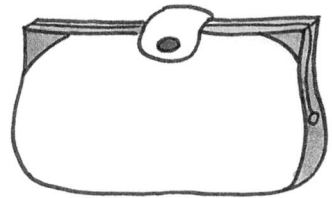

Mit 4 Münzen

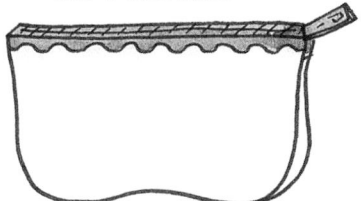

Mit 8 Münzen

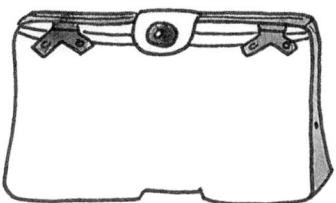

⑤ **Immer 75 € !**

Mit 3 Scheinen

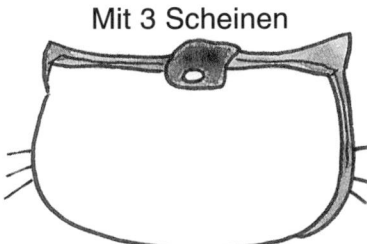

Mit 5 Scheinen

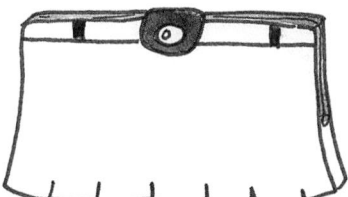

Mit 3 Scheinen
und 3 Münzen

①
20 ct + 10 ct + 10 ct = ⬚ ct

10 ct + 50 ct + 5 ct = ⬚ ct

20 ct + 20 ct + 2 ct + 2 ct = ⬚ ct

②
10 € + 20 € + 5 € = ⬚ €

50 € + 5 € + 5 € + 2 € = ⬚ €

10 € + 10 € + 50 € + 1 € = ⬚ €

③
20 € + 5 € + 50 ct + 5 ct = ⬚ € ⬚ ct

10 € + 2 € + 2 € + 20 ct + 20 ct = ⬚ € ⬚ ct

50 € + 20 € + 50 ct + 20 ct = ⬚ € ⬚ ct

Setze ein <, >, =.

④ 83 ct ◯ 78 ct   ⑤ 56 € ◯ 65 €   ⑥ 15 ct ◯ 15 €   ⑦ 1 € + 50 ct ◯ 50 ct + 50 ct

49 ct ◯ 94 ct   19 € ◯ 17 €   36 € ◯ 99 ct   20 ct + 50 ct ◯ 2 € + 5 ct

	Preis	bezahlt mit	zurück
⑧ 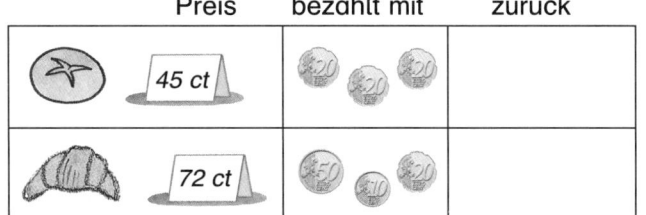	45 ct		
	72 ct		

	Preis	bezahlt mit	zurück
⑨ 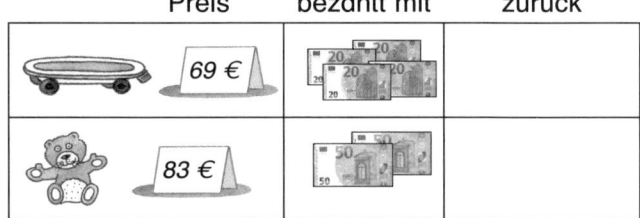	69 €		
	83 €		

① Tamara hat 56 Steine.
Ken hat 24 Steine weniger.

F: _____

R:

A: _____

② Ilknur hat 38 Perlen.
Moni hat 15 Perlen weniger.

F: _____

R:

A: _____

③ Michael hat 63 Murmeln.
Sina hat 21 Murmeln weniger.

F: _____

R:

A: _____

④ Verena hat 49 Nüsse.
Steffi hat 16 Nüsse weniger.

F: _____

R:

A: _____

① 28 + 59 = _____   ② 64 – 38 = _____   ③ 37 + 54 = _____   ④ 83 – 26 = _____

⑤ 35 + 46 = _____   ⑥ 50 – 37 = _____   ⑦ 41 + 58 = _____   ⑧ 73 – 52 = _____

⑨ 49 + 27 = _____   ⑩ 62 – 39 = _____   ⑪ 58 + 19 = _____   ⑫ 95 – 59 = _____

⑬ Nimm dein Lineal und zeichne weiter.

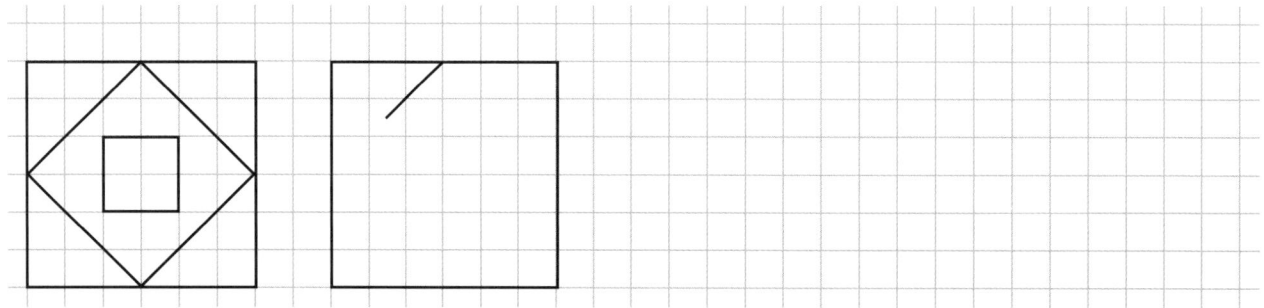

1) 23 + 8 = ⬚

43 + 8 = ⬚

63 + 8 = ⬚

83 + 8 = ⬚

2) 17 + 20 = ⬚

27 + 20 = ⬚

57 + 20 = ⬚

77 + 20 = ⬚

3) 35 – 7 = ⬚

55 – 7 = ⬚

85 – 7 = ⬚

95 – 7 = ⬚

4) 41 – 30 = ⬚

51 – 30 = ⬚

71 – 30 = ⬚

91 – 30 = ⬚

5) 42 – ⬚ = 34

62 – ⬚ = 54

72 – ⬚ = 64

92 – ⬚ = 84

6) 36 – ⬚ = 27

56 – ⬚ = 47

76 – ⬚ = 67

86 – ⬚ = 77

7) 38 + ⬚ = 44

47 + ⬚ = 53

66 + ⬚ = 72

75 + ⬚ = 81

8) 27 + ⬚ = 34

27 + ⬚ = 44

27 + ⬚ = 64

27 + ⬚ = 94

9)

+	3	30	33
16			
26			
46			

10)

–	7	40	47
69			
79			
99			

11)

+	9	20	29
34			
44			
64			

① 39 + 60 = ☐   56 + 9 = ☐   43 + 27 = ☐   21 + 57 = ☐   38 + 49 = ☐

87 − 50 = ☐   72 − 8 = ☐   68 − 38 = ☐   95 − 43 = ☐   82 − 65 = ☐

② Janna hat 82 Muscheln.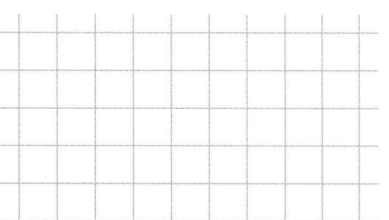
Marc hat 28 Muscheln weniger.

F: _____

R:

A: _____

③ Loris hat 37 Stifte.
Ida hat 16 Stifte mehr.

F: _____

R:

A: _____

Setze ein: <, >, =.

④ 18 ct  18 €

43 € ⬤ 99 ct

10 € ⬤ 100 ct

⑤ 20 ct + 8 ct 37 ct

51 ct + 4 ct ⬤ 29 ct

63 ct + 6 ct ⬤ 66 ct

⑥ 69 € ⬤ 62 € − 7 €

82 € ⬤ 85 € − 3 €

36 € ⬤ 48 € − 8 €

①

52 cm + 24 cm = ☐ cm

27 cm + 39 cm = ☐ cm

45 cm + 55 cm = ☐ cm

63 cm + 18 cm = ☐ cm

②

34 cm − 17 cm = ☐ cm

91 cm − 79 cm = ☐ cm

75 cm − 65 cm = ☐ cm

56 cm − 38 cm = ☐ cm

③

70 cm + ☐ cm = 100 cm

48 cm + ☐ cm = 100 cm

☐ cm + 67 cm = 100 cm

☐ cm + 35 cm = 100 cm

④

3 mm + 6 mm + 4 mm + 7 mm = ☐ mm = ☐ cm

8 mm + 5 mm + 9 mm + 8 mm = ☐ mm = ☐ cm

15 mm + 20 mm + 3 mm + 2 mm = ☐ mm = ☐ cm

Setze ein <, >, =.

⑤

47 cm ◯ 84 cm

26 cm ◯ 23 cm

75 cm ◯ 57 cm

⑥

62 cm + 24 cm ◯ 42 cm + 24 cm

96 cm − 38 cm ◯ 29 cm + 29 cm

71 cm − 59 cm ◯ 83 cm − 44 cm

⑦

40 mm ◯ 3 cm

28 mm ◯ 5 cm

100 mm ◯ 10 cm

① Miss genau.

A ──────────────────── B $\overline{AB} =$ ⬜ cm

C ──────────────────── D $\overline{CD} =$ ⬜ cm

E ──────── F $\overline{EF} =$ ⬜ cm G ──────── H $\overline{GH} =$ ⬜ cm

I ──────────────────── J $\overline{IJ} =$ ⬜ cm

K ──────── L $\overline{KL} =$ ⬜ cm ⬜ mm M ──────── N

$\overline{MN} =$ ⬜ cm ⬜ mm

② Zeichne das Muster mit dem Lineal.

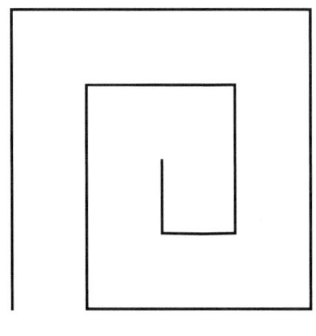

Finde eine Plus- und eine Malaufgabe.

①

②

③

3-mal tägl. 8 Tropfen

HUSTEN TROPFEN

④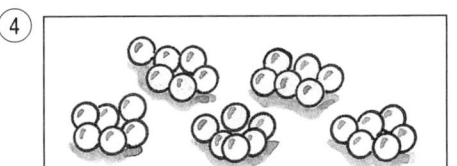

⑤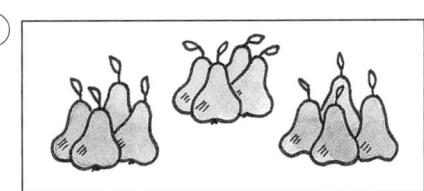

⑥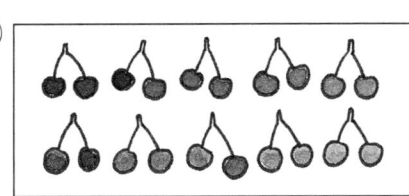

⑦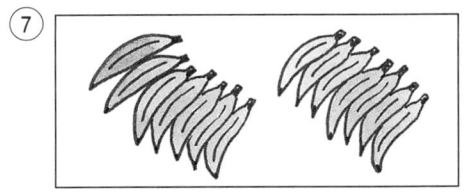

⑧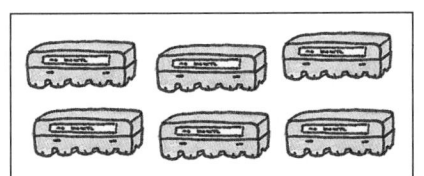

⑨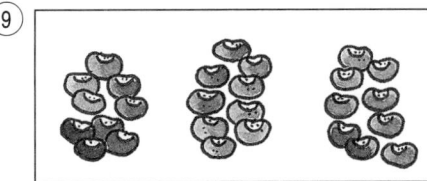

Finde eine Plus- und eine Malaufgabe.

① ② ③ ④

_____ _____

_____ _____

⑤ ⑥ ⑦ ⑧

4 + 4 + 4 + 4 =   3 + 3 + 3 =

_____ _____

_____

Schreibe immer zwei Malaufgaben auf.

① ② ③ ④ ⑤

3 · 5 = _____   _____   _____   _____   _____

5 · 3 = _____   _____   _____   _____   _____

Zeichne Punktebilder.

⑥

⑦

⑧

4 · 8 = _____   3 · 9 = _____   7 · 3 = _____

_____   _____   _____

Finde die Rechenregel und setze fort.

⑨ 2, 4, 6, 8, ___ , ___ , ___ , ___ , ___ , ___ , ___ , ___

⑩ 5, 10, 15, ___ , ___ , ___ , ___ , ___ , ___ , ___ , ___ , ___

① 5 + 5 + 5 + 5 + 5 + 5 + 5 + 5 = _____

      · 5 = _____

② 9 + 9 + 9 =

_____

③ 2 + 2 + 2 + 2 =

_____

④ 7 + 7 + 7 + 7 =

_____

⑤ 8 + 8 + 8 + 8 + 8 =

_____

⑥ 6 + 6 + 6 + 6 + 6 + 6 + 6 =

_____

⑦ 24 + 11 =

23 + 22 =

22 + 33 =

21 + 44 =

_____

_____

⑧ 36 − 11 =

46 − 22 =

56 − 33 =

_____

_____

⑨ 96 − 7 =

95 − 17 =

94 − 27 =

_____

_____

⑩ 80 + 15 =

68 + 16 =

56 + 17 =

_____

_____

Finde die Rechenregel und setze fort.

⑪ 4, 7, 9, 12, 14, 17, , , , , , , , , ,

⑫ 0, 5, 3, 8, 6, , , , , , , , ,

①

0 · 2 =

1 · 2 =

2 · 2 =

3 · 2 =

4 · 2 =

5 · 2 =

6 · 2 =

7 · 2 =

8 · 2 =

9 · 2 =

10 · 2 =

②

20 = [ ] · 2

18 = [ ] · 2

16 = [ ] · 2

14 = [ ] · 2

12 = [ ] · 2

10 = [ ] · 2

8 = [ ] · 2

6 = [ ] · 2

4 = [ ] · 2

2 = [ ] · 2

0 = [ ] · 2

③

2 · 0 =

2 · 1 =

2 · 2 =

2 · 3 =

2 · 4 =

2 · 5 =

2 · 6 =

2 · 7 =

2 · 8 =

2 · 9 =

2 · 10 =

④

7 · 2 =

3 · 2 =

8 · 2 =

4 · 2 =

1 · 2 =

5 · 2 =

2 · 2 =

6 · 2 =

10 · 2 =

0 · 2 =

9 · 2 =

⑤

[ ] · 2 = 2

[ ] · 2 = 4

[ ] · 2 = 8

[ ] · 2 = 16

[ ] · 2 = 10

[ ] · 2 = 20

[ ] · 2 = 6

[ ] · 2 = 12

[ ] · 2 = 18

[ ] · 2 = 14

[ ] · 2 = 0

⑥

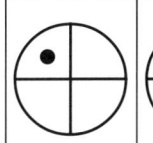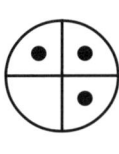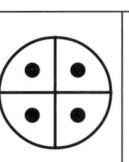

① 0 · 4 =

1 · 4 =

2 · 4 =

3 · 4 =

4 · 4 =

5 · 4 =

6 · 4 =

7 · 4 =

8 · 4 =

9 · 4 =

10 · 4 =

② 40 =   · 4

36 =   · 4

32 =   · 4

28 =   · 4

24 =   · 4

20 =   · 4

16 =   · 4

12 =   · 4

8 =   · 4

4 =   · 4

0 =   · 4

③ 4 · 0 =

4 · 1 =

4 · 2 =

4 · 3 =

4 · 4 =

4 · 5 =

4 · 6 =

4 · 7 =

4 · 8 =

4 · 9 =

4 · 10 =

④ 7 · 4 =

3 · 4 =

8 · 4 =

4 · 4 =

1 · 4 =

5 · 4 =

2 · 4 =

6 · 4 =

10 · 4 =

0 · 4 =

9 · 4 =

⑤   · 4 = 4

· 4 = 8

· 4 = 16

· 4 = 20

· 4 = 40

· 4 = 12

· 4 = 24

· 4 = 36

· 4 = 28

· 4 = 0

· 4 = 32

⑥

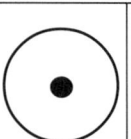

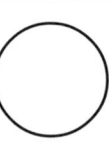
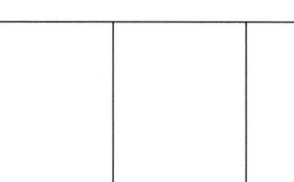

①

②

③

_____   _____   _____

_____   _____   _____

④

3 · 4 = ☐   4 · 4 = ☐   7 · 2 = ☐   2 · 6 = ☐

6 · 4 = ☐   4 · 5 = ☐   5 · 2 = ☐   2 · 8 = ☐

7 · 4 = ☐   4 · 8 = ☐   3 · 2 = ☐   2 · 9 = ☐

⑤

8 = ☐ · 4   36 = ☐ · 4   14 = ☐ · 2

32 = ☐ · 4   12 = ☐ · 2   16 = ☐ · 2

Finde die Regel und setze fort.

⑥ 2, 6, 8, 12, 14, ☐ , ☐ , ☐ , ☐ , ☐ , ☐ , ☐

⑦ 0, 8, 6, 14, 12, ☐ , ☐ , ☐ , ☐ , ☐

①
0 · 8 =
1 · 8 =
2 · 8 =
3 · 8 =
4 · 8 =
5 · 8 =
6 · 8 =
7 · 8 =
8 · 8 =
9 · 8 =
10 · 8 =

②
80 = · 8
72 = · 8
64 = · 8
56 = · 8
48 = · 8
40 = · 8
32 = · 8
24 = · 8
16 = · 8
8 = · 8
0 = · 8

③
8 · 0 =
8 · 1 =
8 · 2 =
8 · 3 =
8 · 4 =
8 · 5 =
8 · 6 =
8 · 7 =
8 · 8 =
8 · 9 =
8 · 10 =

④
7 · 8 =
3 · 8 =
8 · 8 =
4 · 8 =
1 · 8 =
5 · 8 =
2 · 8 =
6 · 8 =
10 · 8 =
0 · 8 =
9 · 8 =

⑤
· 8 = 8
· 8 = 16
· 8 = 32
· 8 = 48
· 8 = 64
· 8 = 80
· 8 = 72
· 8 = 56
· 8 = 24
· 8 = 40
· 8 = 0

⑥
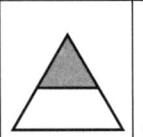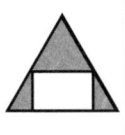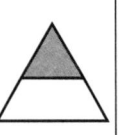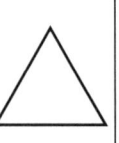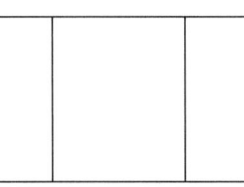

V	R	I	G	U	E	N	S	D	T	P	O	L
8	10	12	16	18	20	24	28	32	36	40	48	56

① $4 \cdot 8 =$

② $5 \cdot 4 =$

③ $5 \cdot 2 =$

④ $5 \cdot 8 =$

⑤ $3 \cdot 4 =$

⑥ $3 \cdot 8 =$

⑦ $4 \cdot 4 =$

⑧ $9 \cdot 2 =$

⑨ $6 \cdot 2 =$

⑩ $6 \cdot 4 =$

⑪ $4 \cdot 3 =$

⑫ $7 \cdot 4 =$

⑬ $9 \cdot 4 =$

⑭ $10 \cdot 2 =$

⑮ $2 \cdot 6 =$

⑯ $8 \cdot 3 =$

⑰ $2 \cdot 4 =$

⑱ $6 \cdot 8 =$

⑲ $2 \cdot 8 =$

⑳ $4 \cdot 5 =$

㉑ $7 \cdot 8 =$

①	②	③

④	⑤	⑥	⑦	⑧	⑨	⑩

⑪	⑫	⑬

⑭	⑮	⑯

⑰	⑱	⑲	⑳	㉑

53

①

zu Fuß   Bus   Fahrrad   Auto

② So kommen die Kinder der drei 2. Klassen zur Schule (1 Kästchen entspricht 1 Schüler).

Zu Fuß: ☐ Kinder. Mit dem Bus: ☐ Kinder.

Mit dem Fahrrad: ☐ Kinder.

Mit dem Auto: ☐ Kinder.

Insgesamt sind es ☐ Kinder.

③ In Klasse 2 b sind nur die Kinder, die mit dem Bus kommen. In Klasse 2 a sind 2 Kinder mehr als in Klasse 2 b. In Klasse 2 c sind 5 Kinder weniger als in Klasse 2 b.

In Klasse 2 a sind ☐ Kinder.

In Klasse 2 b sind ☐ Kinder.

In Klasse 2 c sind ☐ Kinder.

①

·	1	2	5	10	4	8	3	6	9	0	7
2											
4											
8											

② Verbinde die Zahlen der Reihen. Beginne jeweils bei der 0.

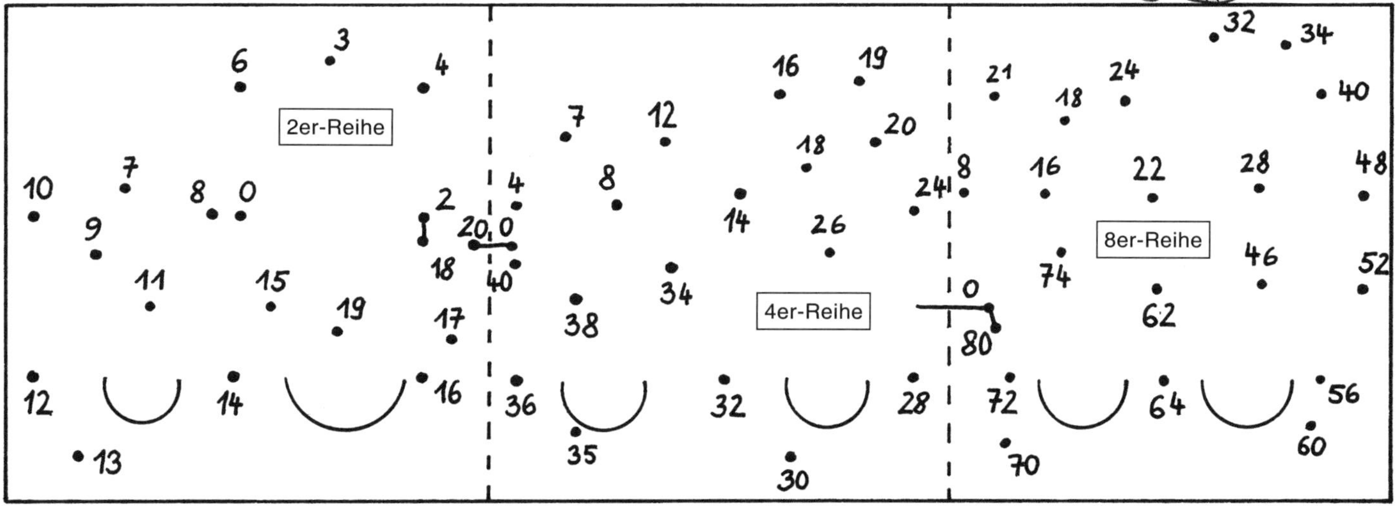

2er-Reihe

3 6 4 7 12 16 19 32 34

21 24 18 40

10 7 8 0 2 4 8 20 18 16 22 28 48

9 11 20 0 14 26 24 8

15 19 40 34 74 62 46 52

18 17 38 **4er-Reihe** 0 80

12 14 16 36 35 32 28 72 64 56

13 30 70 60

8er-Reihe

① 20 : 2 = [ ] , denn [ ] · 2 = 20   6 : 2 = [ ] , denn [ ] · 2 = 6

  10 : 2 = [ ] , denn [ ] · 2 = 10   12 : 2 = [ ] , denn [ ] · 2 = 12

   4 : 2 = [ ] , denn [ ] · 2 = 4   18 : 2 = [ ] , denn [ ] · 2 = 18

  16 : 2 = [ ] , denn [ ] · 2 = 16   14 : 2 = [ ] , denn [ ] · 2 = 14

② 40 : 4 = [ ] , denn [ ] · 4 = 40   12 : 4 = [ ] , denn [ ] · 4 = 12

  20 : 4 = [ ] , denn [ ] · 4 = 20   24 : 4 = [ ] , denn [ ] · 4 = 24

  16 : 4 = [ ] , denn [ ] · 4 = 16   4 : 4 = [ ] , denn [ ] · 4 = 4

  32 : 4 = [ ] , denn [ ] · 4 = 32   28 : 4 = [ ] , denn [ ] · 4 = 28

③ 80 : 8 = [ ] , denn [ ] · 8 = 80   24 : 8 = [ ] , denn [ ] · 8 = 24

  40 : 8 = [ ] , denn [ ] · 8 = 40   48 : 8 = [ ] , denn [ ] · 8 = 48

  16 : 8 = [ ] , denn [ ] · 8 = 16   72 : 8 = [ ] , denn [ ] · 8 = 72

  64 : 8 = [ ] , denn [ ] · 8 = 64   56 : 8 = [ ] , denn [ ] · 8 = 56

① 6 · 2 = ⬚

　7 · 8 = ⬚

　10 · 4 = ⬚

　3 · 8 = ⬚

③ 12 : 2 = ⬚

　12 : 4 = ⬚

　16 : 2 = ⬚

　16 : 4 = ⬚

⑤ ⬚ · 2 = 12

　⬚ · 4 = 20

　⬚ · 8 = 40

　⬚ · 2 = 6

⑦ 16 : ⬚ = 8

　12 : ⬚ = 6

　24 : ⬚ = 3

　36 : ⬚ = 9

② 9 · 2 = ⬚

　5 · 4 = ⬚

　8 · 2 = ⬚

　4 · 2 = ⬚

④ 16 : 8 = ⬚

　18 : 2 = ⬚

　24 : 4 = ⬚

　24 : 8 = ⬚

⑥ ⬚ · 4 = 16

　⬚ · 8 = 24

　⬚ · 4 = 24

　⬚ · 8 = 48

⑧ 16 : ⬚ = 4

　40 : ⬚ = 4

　16 : ⬚ = 2

　24 : ⬚ = 6

⑨

+	11	23	38	42	54	67	76	89	95
8									

⑩

−	11	23	38	42	54	67	76	89	95
100									

①

___ · 2 = 6
___ · 2 = 10
___ · 2 = 14
___ · 2 = 4
___ · 2 = 12
___ · 2 = 18
___ · 2 = 2
___ · 2 = 20
___ · 2 = 0
___ · 2 = 8
___ · 2 = 16

②

___ · 4 = 8
___ · 4 = 20
___ · 4 = 12
___ · 4 = 32
___ · 4 = 16
___ · 4 = 0
___ · 4 = 36
___ · 4 = 28
___ · 4 = 40
___ · 4 = 24
___ · 4 = 4

③

___ · 8 = 40
___ · 8 = 16
___ · 8 = 56
___ · 8 = 24
___ · 8 = 8
___ · 8 = 80
___ · 8 = 0
___ · 8 = 32
___ · 8 = 48
___ · 8 = 64
___ · 8 = 72

④

+	5		9
58		65	
	92		
			27
82			
	46		
		68	
			99

⑤

Zahl	8		20		12		7		50
das Doppelte		6		18		10		28	

Körper haben Flächen.
Welche Flächen passen zu welchen Körpern?

A

B

C

D

E

F

G

H

1

2

3

4

5

Körper 1: Würfel
Flächen: A

Körper 2:
Flächen:

Körper 3:
Flächen:

Körper 4:
Flächen:

Körper 5:
Flächen:

①
3 · 8 =

7 · 2 =

5 · 4 =

6 · 5 =

②
8 · 8 =

1 · 6 =

4 · 2 =

10 · 4 =

③
____ · 2 = 16

____ · 4 = 28

____ · 8 = 40

____ · 2 = 20

④
____ · 8 = 48

____ · 4 = 16

____ · 8 = 64

____ · 4 = 40

⑤ Setze ein: <, >, =.

| 4 · 8 | ⬤ | 10 · 4 |

| 9 · 4 | ⬤ | 4 · 8 |

| 6 · 2 | ⬤ | 7 · 4 |

| 8 · 10 | ⬤ | 9 · 8 |

| 3 · 8 | ⬤ | 6 · 4 |

⑥
24 + 68 =

92 − 77 =

9 + 29 =

68 − 59 =

⑦
37 + ____ = 70

83 − ____ = 40

45 + ____ = 60

55 − ____ = 20

⑧

	Würfel	Quader	Zylinder	Pyramide	Kugel
Anzahl der Flächen					
Anzahl der Ecken					
Anzahl der Kanten					

① 0 · 10 =

1 · 10 =

2 · 10 =

3 · 10 =

4 · 10 =

5 · 10 =

6 · 10 =

7 · 10 =

8 · 10 =

9 · 10 =

10 · 10 =

② 100 =   · 10

90 =   · 10

80 =   · 10

70 =   · 10

60 =   · 10

50 =   · 10

40 =   · 10

30 =   · 10

20 =   · 10

10 =   · 10

0 =   · 10

③ 0 · 5 =

1 · 5 =

2 · 5 =

3 · 5 =

4 · 5 =

5 · 5 =

6 · 5 =

7 · 5 =

8 · 5 =

9 · 5 =

10 · 5 =

④ 50 =   · 5

45 =   · 5

40 =   · 5

35 =   · 5

30 =   · 5

25 =   · 5

20 =   · 5

15 =   · 5

10 =   · 5

5 =   · 5

0 =   · 5

⑤ 2 · 10 =

· 5 = 20

3 · 10 =

· 5 = 30

4 · 10 =

· 5 = 40

5 · 10 =

· 5 = 50

1 · 10 =

· 5 = 10

⑥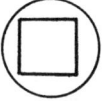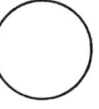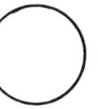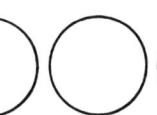

① 1 · 2 = ◻
2 · 2 = ◻
◻ · 2 = 6
◻ · 2 = 8
◻ · 2 = 16
5 · 2 = ◻
◻ · 2 = 12
◻ · 2 = 14
10 · 2 = ◻
◻ · 2 = 18

② 1 · 4 = ◻
2 · 4 = ◻
◻ · 4 = 12
◻ · 4 = 16
◻ · 4 = 32
5 · 4 = ◻
◻ · 4 = 24
◻ · 4 = 28
10 · 4 = ◻
◻ · 4 = 36

③ 1 · 8 = ◻
2 · 8 = ◻
◻ · 8 = 24
◻ · 8 = 32
◻ · 8 = 64
5 · 8 = ◻
◻ · 8 = 48
◻ · 8 = 56
10 · 8 = ◻
◻ · 8 = 72

④ 1 · 5 = ◻
2 · 5 = ◻
◻ · 5 = 15
◻ · 5 = 20
◻ · 5 = 40
5 · 5 = ◻
◻ · 5 = 30
◻ · 5 = 35
10 · 5 = ◻
◻ · 5 = 45

⑤ 1 · 10 = ◻
2 · 10 = ◻
◻ · 10 = 30
◻ · 10 = 40
◻ · 10 = 80
5 · 10 = ◻
◻ · 10 = 60
◻ · 10 = 70
10 · 10 = ◻
◻ · 10 = 90

⑥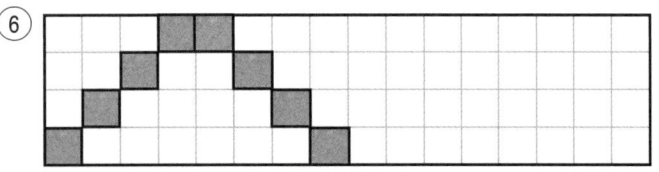

⑦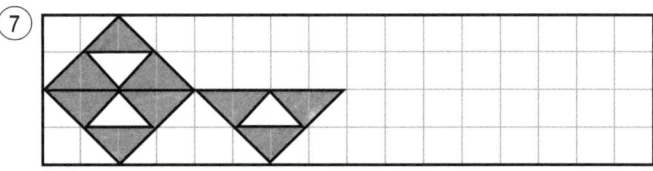

① 2 · 4 = [ ] , denn 8 : 4 = [ ]

4 · 8 = [ ] , denn [ ] : 8 = [ ]

8 · 2 = [ ] , denn [ ] : 2 = [ ]

5 · 8 = [ ] , denn [ ] : 8 = [ ]

6 · 10 = [ ] , denn [ ] : 10 = [ ]

7 · 4 = [ ] , denn [ ] : 4 = [ ]

② 3 · 5 = [ ] , denn [ ] : 5 = [ ]

7 · 8 = [ ] , denn [ ] : 8 = [ ]

9 · 2 = [ ] , denn [ ] : 2 = [ ]

8 · 10 = [ ] , denn [ ] : 10 = [ ]

3 · 4 = [ ] , denn [ ] : 4 = [ ]

6 · 5 = [ ] , denn [ ] : 5 = [ ]

③ 9 ⟷ · 8 ⟷ [ ] ⟷ −32 ⟷ [ ]

④ [ ] ⟷ +35 ⟷ [ ] ⟷ : 5 ⟷ 7

⑤ [ ] ⟷ · 10 ⟷ 50 ⟷ [ ] ⟷ [ ]   : 2

⑥ 6 ⟷ [ ] ⟷ [ ]   : 4   · 8

① 18 : 2 = ⬜ , denn ⬜ · 2 = 18

30 : 5 = ⬜ , denn ⬜ · 5 = ⬜

80 : 10 = ⬜ , denn ⬜ · 10 = ⬜

32 : 8 = ⬜ , denn ⬜ · 8 = ⬜

③ 32 : 4 = ⬜ , denn ⬜ · 4 = 32

70 : 10 = ⬜ , denn ⬜ · 10 = ⬜

64 : 8 = ⬜ , denn ⬜ · 8 = ⬜

20 : 2 = ⬜ , denn ⬜ · 2 = ⬜

② 24 : 4 = ⬜ , denn ⬜ · 4 = ⬜

14 : 2 = ⬜ , denn ⬜ · 2 = ⬜

25 : 5 = ⬜ , denn ⬜ · 5 = ⬜

48 : 8 = ⬜ , denn ⬜ · 8 = ⬜

④ 45 : 5 = ⬜ , denn ⬜ · 5 = ⬜

32 : 8 = ⬜ , denn ⬜ · 8 = ⬜

15 : 5 = ⬜ , denn ⬜ · 5 = ⬜

8 : 4 = ⬜ , denn ⬜ · 4 = ⬜

⑤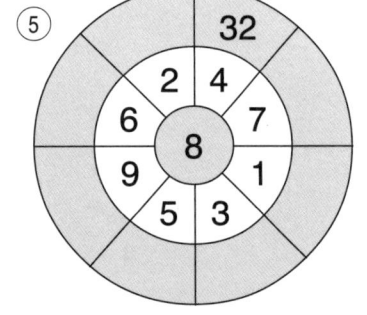

⑥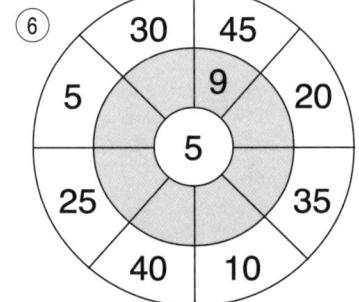

⑦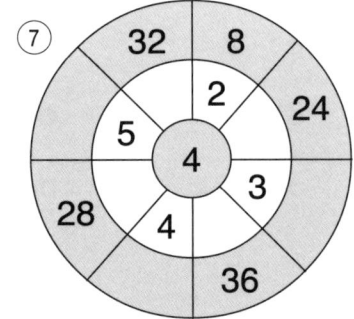

① · 5   : 10   · 8   : 4

6 → □ → □ → □ → □

② · 4   · 8

□ → □ → □ → 64

· 10   : 8

Drei Zahlen – vier Aufgaben

③ 4   36   9

④ 56   8   7

⑤ 7   28

⑥ 5   20

Erfinde farbige Muster.

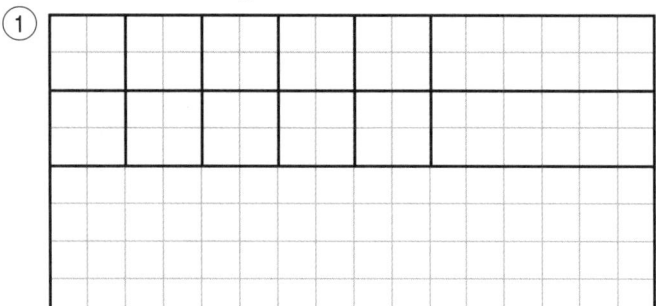

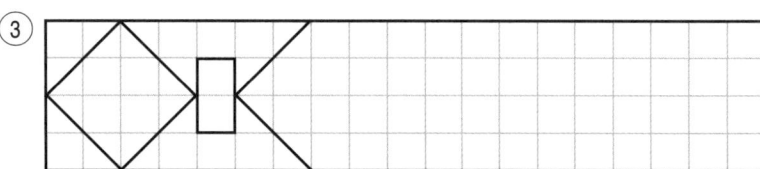

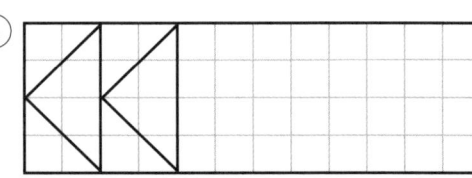

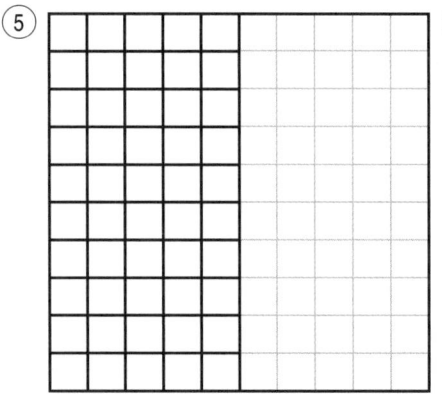

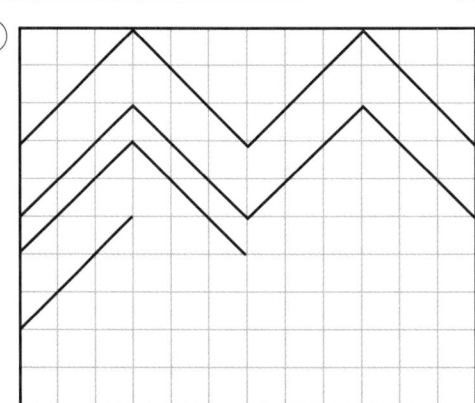

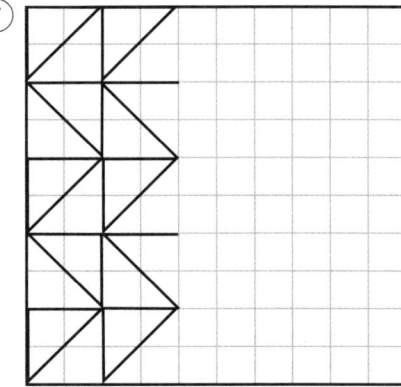

① 46 cm + 38 cm = ▢ cm   ② 92 cm − 53 cm = ▢ cm   ③ 62 cm + ▢ cm = 1 m

　19 cm + 69 cm = ▢ cm   　73 cm − 39 cm = ▢ cm   　87 cm + ▢ cm = 1 m

　24 cm + 57 cm = ▢ cm   　81 cm − 33 cm = ▢ cm   　26 cm + ▢ cm = 1 m

　33 cm + 65 cm = ▢ cm   　64 cm − 46 cm = ▢ cm   　49 cm + ▢ cm = 1 m

④ Vergleiche die Höhen der Gebäude. Berechne Höhenunterschiede.

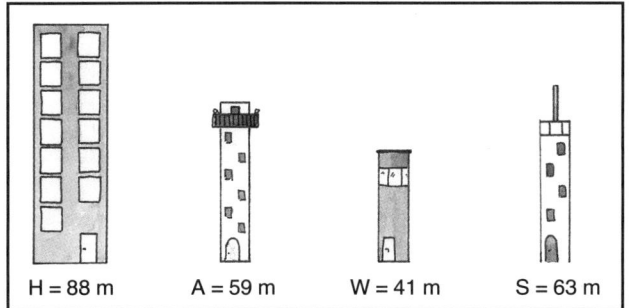

H = 88 m   A = 59 m   W = 41 m   S = 63 m

Aussichtsturm (A) − Wasserturm (W):

Unterschied:　　m

Hochhaus (H) − Aussichtsturm (A):

8 8 m − 5 9 m =

Unterschied:　　m

Wasserturm (W) − Sendemast (S):

Unterschied:　　m

67

① Fünf Kinder machen einen Weitwurf-Wettbewerb. Anna wirft den Ball 26 m weit, Johannes wirft ihn 4 m weiter. Uli wirft nur halb so weit wie Anna. Claudia und Uli werfen zusammen so weit wie Johannes. Claudia wirft 8 m kürzer als Kathi.

Anna ☐ m   Johannes ☐ m   Uli ☐ m   Claudia ☐ m   Kathi ☐ m

② Stelle die Wurfweiten in einem Balkendiagramm dar. 1 Kästchen entspricht 1 m.

| Anna |
| Johannes |
| Uli |
| Claudia |
| Kathi |

①

·	2	5	8
9			
6			
3			
10			
5			
8			
4			
2			

② 20 : 2 = ☐ , denn ☐ · 2 = 20

20 : 4 = ☐ , denn _____

25 : 5 = ☐ , denn _____

24 : 8 = ☐ , denn _____

③ 34 + 47 = ☐

92 – 68 = ☐

15 + 84 = ☐

86 – 49 = ☐

④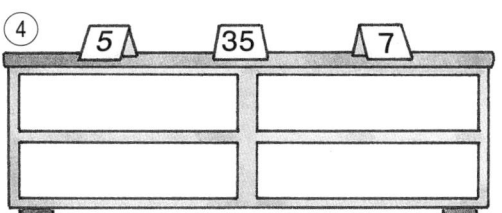

⑤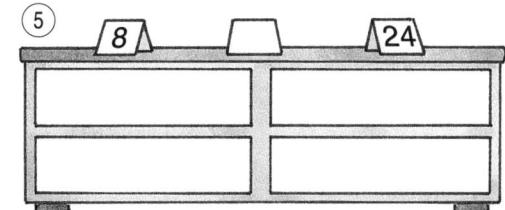

⑥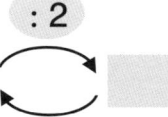

Finde die Rechenregel.

①
3		9
	1	2
		18

②
	25	25
40		
10		0

③
20		5
	1	
4		1

④
13	26	
28	14	
		81

Verwende jede Zahl genau einmal.

⑤ 32, 33, 34, 35, 66, 68

☐ − ☐ = ☐

☐ + ☐ = ☐

⑥ 2, 2, 4, 8, 8, 16

☐ : ☐ = ☐

☐ : ☐ = ☐

⑦ 1, 2, 5, 10, 10, 10

☐ · ☐ = ☐

☐ · ☐ = ☐

⑧ Gleiches Zeichen, gleiche Zahl.

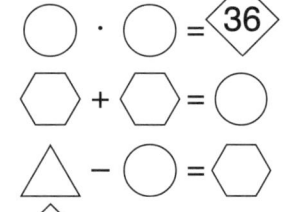

○ · ○ = ◇36◇

⬡ + ⬡ = ○

△ − ○ = ⬡

◇ : ☐ = △

⑨ Welche Zahl kommt in der Viererreihe, in der Fünferreihe und in der Achterreihe vor? ☐

① 0 · 3 =

1 · 3 =

2 · 3 =

3 · 3 =

4 · 3 =

5 · 3 =

6 · 3 =

7 · 3 =

8 · 3 =

9 · 3 =

10 · 3 =

② 30 : 3 =

27 : 3 =

24 : 3 =

21 : 3 =

18 : 3 =

15 : 3 =

12 : 3 =

9 : 3 =

6 : 3 =

3 : 3 =

0 : 3 =

③ 0 · 6 =

1 · 6 =

2 · 6 =

3 · 6 =

4 · 6 =

5 · 6 =

6 · 6 =

7 · 6 =

8 · 6 =

9 · 6 =

10 · 6 =

④ 60 = ⬚ · 6

54 = ⬚ · 6

48 = ⬚ · 6

42 = ⬚ · 6

36 = ⬚ · 6

30 = ⬚ · 6

24 = ⬚ · 6

18 = ⬚ · 6

12 = ⬚ · 6

6 = ⬚ · 6

0 = ⬚ · 6

⑤ 3 · 3 =

3 · 6 =

5 · 3 =

5 · 6 =

7 · 3 =

7 · 6 =

9 · 3 =

9 · 6 =

2 · 3 =

4 · 6 =

8 · 3 =

⑥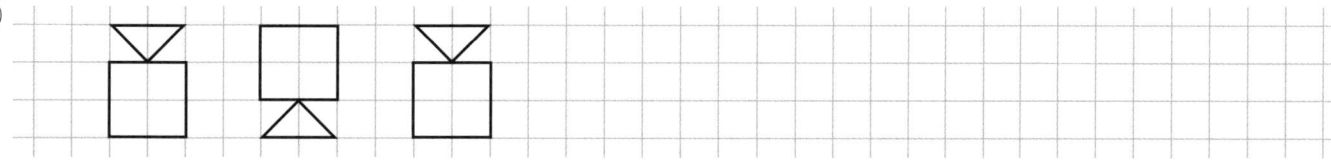

①
$0 \cdot 9 =$
$1 \cdot 9 =$
$2 \cdot 9 =$
$3 \cdot 9 =$
$4 \cdot 9 =$
$5 \cdot 9 =$
$6 \cdot 9 =$
$7 \cdot 9 =$
$8 \cdot 9 =$
$9 \cdot 9 =$
$10 \cdot 9 =$

②
$90 = \quad \cdot 9$
$81 = \quad \cdot 9$
$72 = \quad \cdot 9$
$63 = \quad \cdot 9$
$54 = \quad \cdot 9$
$45 = \quad \cdot 9$
$36 = \quad \cdot 9$
$27 = \quad \cdot 9$
$18 = \quad \cdot 9$
$9 = \quad \cdot 9$
$0 = \quad \cdot 9$

③
$0 : 9 =$
$9 : 9 =$
$18 : 9 =$
$27 : 9 =$
$36 : 9 =$
$45 : 9 =$
$54 : 9 =$
$63 : 9 =$
$72 : 9 =$
$81 : 9 =$
$90 : 9 =$

④
$2 \cdot 9 =$
$3 \cdot 9 =$
$5 \cdot 9 =$
$6 \cdot 9 =$
$10 \cdot 9 =$
$9 \cdot 9 =$
$0 \cdot 9 =$
$4 \cdot 9 =$
$8 \cdot 9 =$
$7 \cdot 9 =$
$1 \cdot 9 =$

⑤
$10 \cdot 3 =$
$10 \cdot 6 =$
$10 \cdot 9 =$
$8 \cdot 3 =$
$8 \cdot 6 =$
$8 \cdot 9 =$
$6 \cdot 3 =$
$6 \cdot 6 =$
$6 \cdot 9 =$
$4 \cdot 6 =$
$4 \cdot 9 =$

⑥

○ ○ ○ ○ ○ ○ ○ ○ ○ ○ ○ ○

①

·	2	4	8	3	6	9	5	10
5								
6								
7								
2								
4								
8								

12
24
15
9
30
18
18
3er-Reihe
6er-Reihe
36
6
21
12
42
3
24
48
6

3er-Reihe ... 9er-Reihe

72
81
90
9
54
0 63
0 30
27
0
54
60
45
18
27
36

②

·	9	6	3	10	5	8	4	2
10								
9								
1								
0								
2								
3								

① 9 · 3 + 4 = ☐   ② 4 · 9 + 4 = ☐   ③ 7 · 5 − 6 = ☐   ④ 3 · 9 − 7 = ☐

6 · 8 + 5 = ☐   6 · 9 + 6 = ☐   8 · 4 − 3 = ☐   5 · 9 − 5 = ☐

5 · 4 + 6 = ☐   8 · 9 + 8 = ☐   4 · 9 − 7 = ☐   7 · 9 − 3 = ☐

7 · 2 + 7 = ☐   10 · 9 + 10 = ☐   5 · 6 − 1 = ☐   9 · 9 − 1 = ☐

⑤ 18 : 2 = ☐   ⑥ 54 : 6 = ☐   ⑦ 32 : 4 = ☐   ⑧ 63 : 9 = ☐   ⑨ 28 : 4 = ☐

27 : 3 = ☐   63 : 7 = ☐   18 : 3 = ☐   54 : 9 = ☐   48 : 6 = ☐

36 : 4 = ☐   72 : 8 = ☐   56 : 8 = ☐   36 : 9 = ☐   32 : 8 = ☐

45 : 5 = ☐   81 : 9 = ☐   24 : 6 = ☐   45 : 9 = ☐   30 : 5 = ☐

Setze ein <, >, =.

⑩ 40 : 8 ◯ 56 : 7   ⑪ 24 : 3 ◯ 24 : 4   ⑫ ☐ · 3 < 12   ⑬ 20 : ☐ < 6

72 : 9 ◯ 54 : 6   18 : 3 ◯ 18 : 2   ☐ · 6 < 18   36 : ☐ < 7

32 : 4 ◯ 25 : 5   20 : 5 ◯ 16 : 4   3 · ☐ > 24   24 : ☐ > 3

36 : 6 ◯ 28 : 7   48 : 8 ◯ 27 : 9   5 · ☐ > 40   12 : ☐ > 4

① Verteile 17 Kirschen an 5 Kinder.   17 : 5 = ☐ R ☐   K: 5 · 3 = 15   15 + 2 = 17

Verteile 26 Blumen an 3 Kinder. _____

Verteile 18 Kekse an 4 Kinder. _____

Verteile 35 Bonbons an 6 Kinder. _____

Verteile 42 Karten an 8 Kinder. _____

Verteile 64 Trauben an 10 Kinder. _____

Verteile 53 Rosinen an 9 Kinder. _____

② 30 : 5 = _____

31 : 5 = _____

33 : 5 = _____

③ 24 : 3 = _____

26 : 3 = _____

27 : 3 = _____

④ 28 : 4 = _____

29 : 4 = _____

31 : 4 = _____

⑤ 45 : 9 = _____

47 : 9 = _____

50 : 9 = _____

⑥ 64 : 8 = _____

66 : 8 = _____

69 : 8 = _____

⑦ 54 : 6 = _____

55 : 6 = _____

59 : 6 = _____

① 16 : 8 = ☐

24 : 8 = ☐

12 : 4 = ☐

32 : 4 = ☐

② 54 : 9 = ☐

27 : 9 = ☐

48 : 6 = ☐

30 : 6 = ☐

③ 14 : 2 = ☐

18 : 2 = ☐

70 : 10 = ☐

90 : 10 = ☐

④ 24 : 3 = ☐

18 : 3 = ☐

17 : 1 = ☐

11 : 1 = ☐

⑤ 25 : 3 = ☐ R ☐ , K: _____

17 : 3 = ☐ R ☐ , K: _____

13 : 3 = ☐ R ☐ , K: _____

11 : 3 = ☐ R ☐ , K: _____

⑥ 18 : 8 = ☐ R ☐ , K: _____

23 : 8 = ☐ R ☐ , K: _____

34 : 8 = ☐ R ☐ , K: _____

52 : 8 = ☐ R ☐ , K: _____

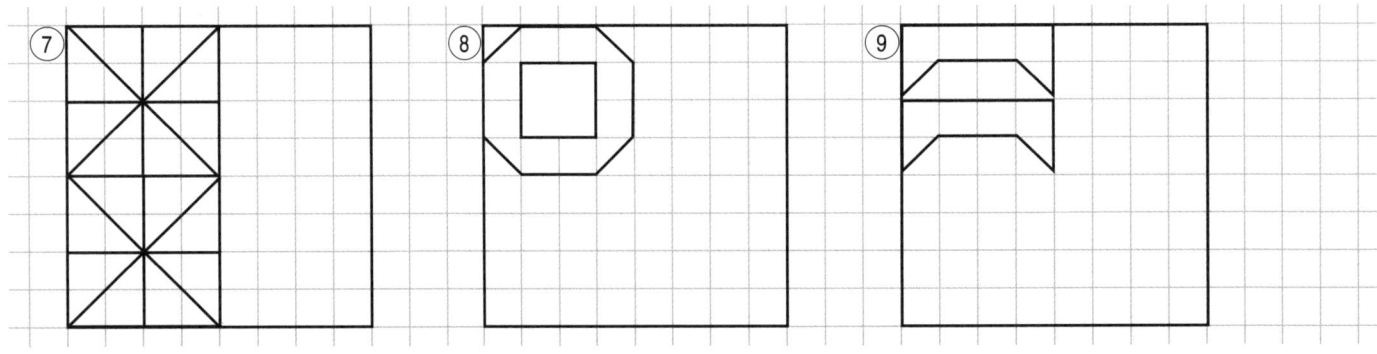

⑦ ⑧ ⑨

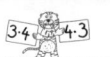
Tauschaufgaben   Umkehraufgaben

① 3 · 9 = ☐   9 · 3 = ☐   **④** 48 : 6 = ☐   ☐ · 6 = 48

5 · 6 = ☐   —————   41 : 6 = ☐ R ☐   ☐ · 6 = 36   36 + ☐ = 41

7 · 4 = ☐   —————   45 : 9 = ☐

8 · 2 = ☐   —————   39 : 9 = ☐ R ☐   —————

② 6 · 10 = ☐   —————   **⑤** 72 : 8 = ☐   —————

4 · 5 = ☐   —————   68 : 8 = ☐ R ☐   —————

7 · 2 = ☐   —————   24 : 3 = ☐   —————

3 · 6 = ☐   —————   20 : 3 = ☐ R ☐   —————

③ 5 + 48 = ☐   48 + 5 = —————   **⑥** 95 − 49 = ☐   ☐ + 49 = 95

8 + 57 = ☐   —————   33 − 17 = ☐   —————

3 + 69 = ☐   —————   52 − 28 = ☐   —————

6 + 86 = ☐   —————   41 − 39 = ☐   —————

1

+ 13 →	
48	
	71
53	
	32
67	

2

· 6 →	
	36
8	
	24
5	
	54

3

− 15 →	
92	
	41
74	
	53
19	

4

: 8 →	
	9
40	
	8
48	
	4

5

43 : 6 = ◻ R ◻

59 : 9 = ◻ R ◻

37 : 7 = ◻ R ◻

31 : 8 = ◻ R ◻

46 : 5 = ◻ R ◻

6

◻ · 7 < 25

◻ · 8 < 57

6 · ◻ > 16

5 · ◻ > 18

12 : ◻ < 6

7

Setze ein <, >, =.

4 · 3 ◯ 2 · 7

76 − 48 ◯ 5 · 5

18 : 3 ◯ 24 : 4

48 : 8 ◯ 36 − 24

7 · 9 ◯ 31 + 31

1

Uhr	Uhr	Uhr	Uhr	Uhr
Uhr	Uhr	Uhr	Uhr	Uhr

2

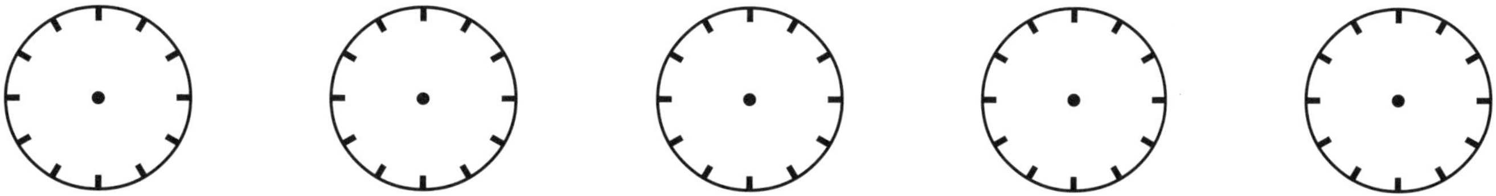

13.35 Uhr	7.10 Uhr	1.15 Uhr		
			17.45 Uhr	23.30 Uhr

3 Gleiche Zeit, gleiche Farbe.

23.20 Uhr

7.35 Uhr

20 nach 11

20 vor 11

11.55 Uhr

10.40 Uhr

3 vor halb neun

13.45 Uhr

5 nach halb 8

20.27 Uhr

viertel vor 2

5 vor 12

①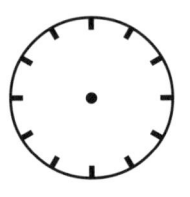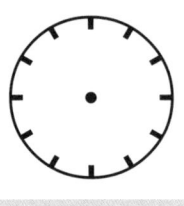

4.40 Uhr   20.20 Uhr   0.55 Uhr

_____   _____   _____

_____   _____   _____

② **Jetzt ist es 9.30 Uhr.**

In 3 Stunden ist es ⬜ Uhr.   In einer halben Stunde ist es ⬜ Uhr.

In einer Dreiviertelstunde ist es ⬜ Uhr.   Vor zwanzig Minuten war es ⬜ Uhr.

Vor 6 Stunden war es ⬜ Uhr.   Vor fünfzig Minuten war es ⬜ Uhr.

③
7 · 5 = ⬜
3 · 8 = ⬜
6 · 10 = ⬜
4 · 2 = ⬜

④
16 = ⬜ · 2
32 = ⬜ · 8
15 = ⬜ · 5
40 = ⬜ · 10

⑤
12 : 4 = ⬜
20 : 5 = ⬜
72 : 8 = ⬜
18 : 2 = ⬜

⑥
25 : 5 = ⬜
90 : 10 = ⬜
28 : 4 = ⬜
48 : 8 = ⬜

⑦
3 · ⬜ = 12
6 · ⬜ = 24
4 · ⬜ = 32
5 · ⬜ = 50

80

① 20.00 Uhr —— 3 h ——→ ☐ Uhr

4.00 Uhr —— ☐ h ——→ 12.00 Uhr

☐ Uhr —— 5 h ——→ 18.00 Uhr

② 15.20 Uhr —— 4 h ——→ ☐ Uhr

☐ Uhr —— 6 h ——→ 13.15 Uhr

14.10 Uhr —— ☐ h ☐ min ——→ 17.50 Uhr

③ Verbinde die Uhren mit der richtigen Zeitangabe.

| zehn nach zehn | 5 vor halb fünf | viertel vor 12 | zehn vor zehn | zehn nach halb 8 | zehn vor halb 2 |

④
38 min + 17 min = ☐ min

9 min + 45 min = ☐ min

24 min + 29 min = ☐ min

⑤
75 min − 57 min = ☐ min

96 min − 69 min = ☐ min

84 min − 48 min = ☐ min

⑥
49 min + ☐ min = 1 h

15 min + ☐ min = 1 h

56 min + ☐ min = 1 h

I	E	S	A	B	U	L	K	N	J	R	T	Z	H	C
1	3	4	6	8	9	12	16	20	25	28	32	48	56	90

① 10 : 10 =

② 45 + 45 =

③ 7 · 8 =

④ 54 − 38 =

⑤ 24 : 4 =

⑥ 8 + 12 =

⑦ 4 · 5 =

⑧ 50 − 25 =

⑨ 24 : 8 =

⑩ 16 + 16 =

⑪ 6 · 8 =

⑫ 96 − 64 =

⑬ 72 : 8 =

⑭ 27 + 29 =

⑮ 7 · 4 =

⑯ 84 − 36 =

⑰ 12 : 4 =

⑱ 0 + 1 =

⑲ 8 · 4 =

⑳ 48 − 45 =

㉑ 40 : 2 =

㉒ 2 + 4 =

㉓ 1 · 8 =

㉔ 24 − 12 =

㉕ 15 : 5 =

㉖ 3 + 1 =

㉗ 1 · 3 =

㉘ 49 − 29 =

①	②	③

④	⑤	⑥	⑦

⑧	⑨	⑩	⑪	⑫

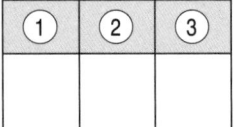

⑬	⑭	⑮	⑯	⑰	⑱	⑲	⑳	㉑

㉒	㉓	㉔	㉕	㉖	㉗	㉘

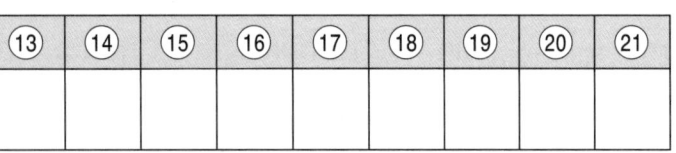

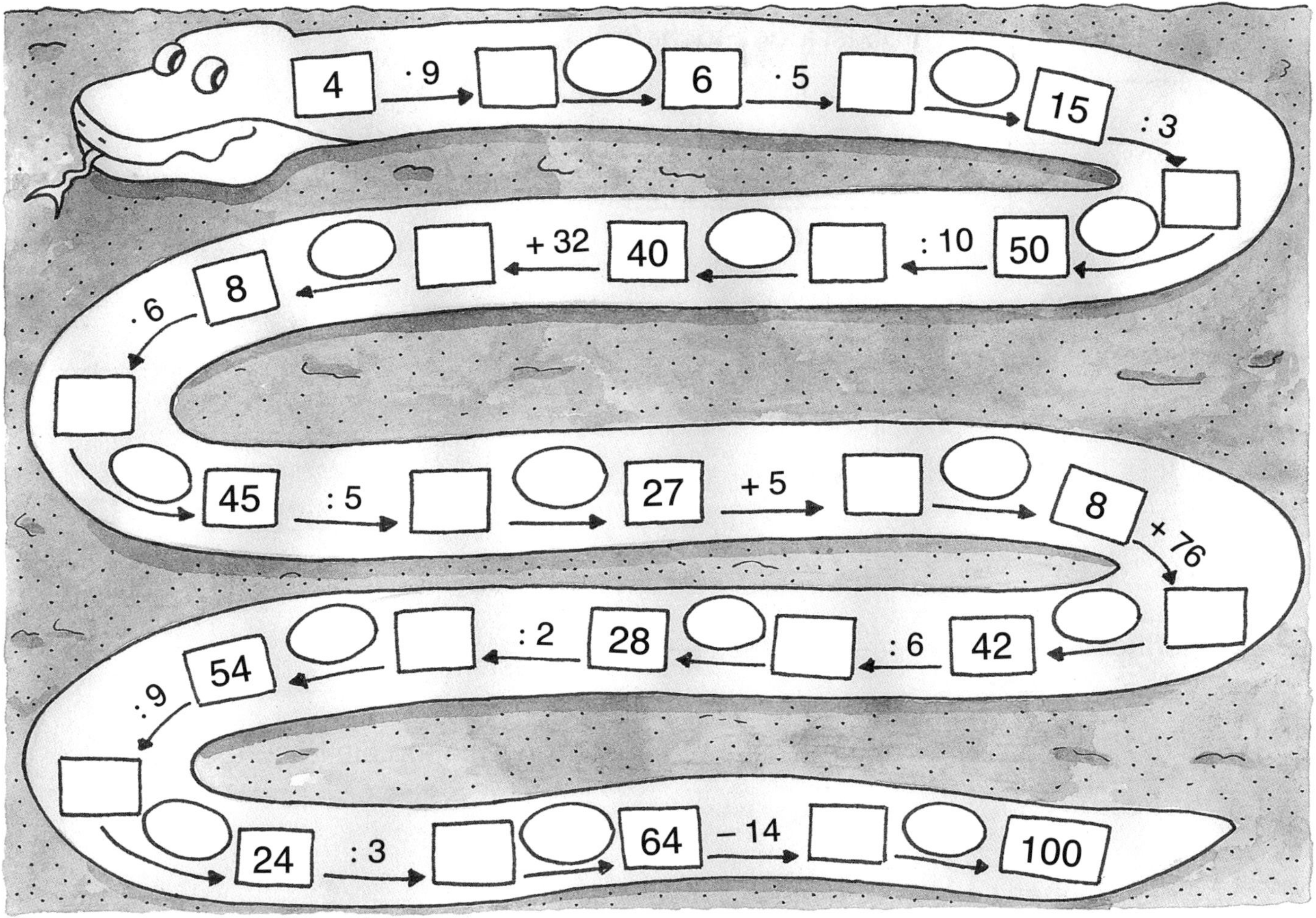

4 · 9 → ☐ ◯ 6 · 5 → ☐ ◯ 15 : 3

☐ ◯ ☐ : 10 50 ← ◯ ☐ ← + 32 40 ◯ ☐ ← 8 · 6

☐ 45 : 5 → ☐ ◯ 27 + 5 → ☐ ◯ 8 + 76

☐ 54 : 9 ◯ ☐ ← : 2 28 ← ◯ ☐ ← : 6 42 ◯ ☐

☐ ◯ 24 : 3 → ☐ ◯ 64 − 14 ☐ ◯ 100

① Wie viele Heftkästchen groß ist jede Fläche?

Ⓟ

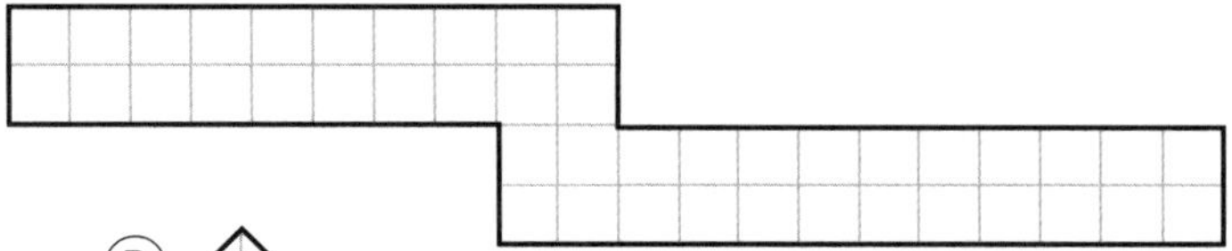

Ⓜ

Heftkästchen

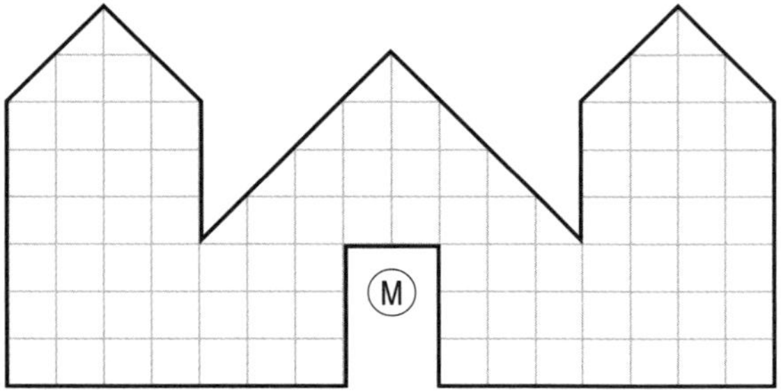

Ⓡ

Ⓐ

Ⓘ

Heftkästchen

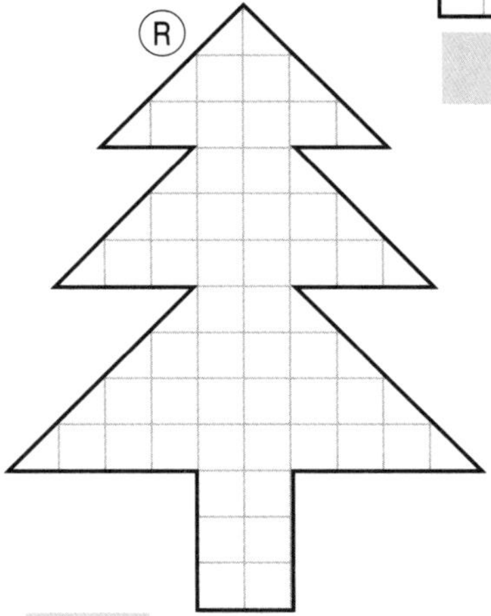

Heftkästchen

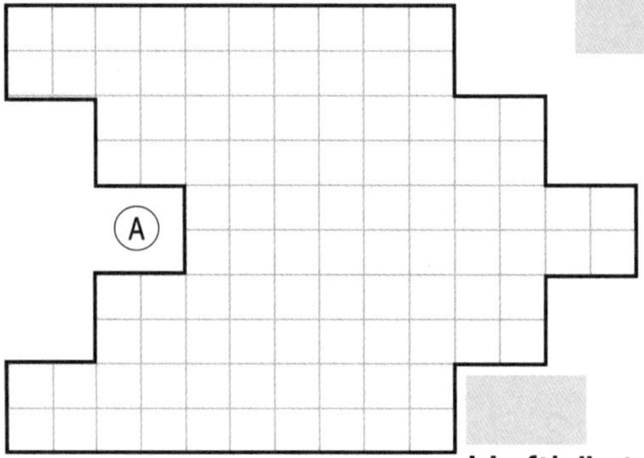

Heftkästchen

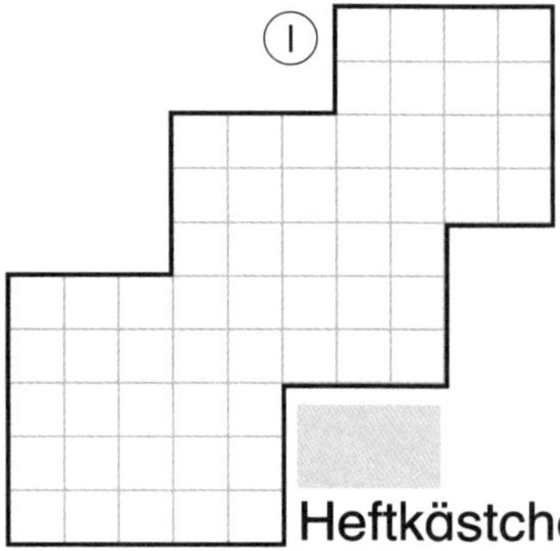

Heftkästchen

② Ordne die Flächen der Größe nach. Die Buchstaben ergeben ein Lösungswort.

▢ < ▢ < ▢ < ▢ < ▢   ▢ ▢ ▢ ▢ ▢ !

③ Färbe die Flächen so, dass ein Muster entsteht.

①

$0 \cdot 7 =$ ⬜ $7 \cdot 0 =$ ⬜

$1 \cdot 7 =$ ⬜ $7 \cdot 1 =$ ⬜

$2 \cdot 7 =$ ⬜ $7 \cdot 2 =$ ⬜

$3 \cdot 7 =$ ⬜ $7 \cdot 3 =$ ⬜

$4 \cdot 7 =$ ⬜   _____

$5 \cdot 7 =$ ⬜   _____

$6 \cdot 7 =$ ⬜   _____

$7 \cdot 7 =$ ⬜   _____

$8 \cdot 7 =$ ⬜   _____

$9 \cdot 7 =$ ⬜   _____

$10 \cdot 7 =$ ⬜   _____

②

$70 =$ ⬜ $\cdot 7$

$63 =$ ⬜ $\cdot 7$

$56 =$ ⬜ $\cdot 7$

$49 =$ ⬜ $\cdot$ ⬜

$42 =$ ⬜ $\cdot$ ⬜

$35 =$ ⬜ $\cdot$ ⬜

$28 =$ ⬜ $\cdot$ ⬜

$21 =$ ⬜ $\cdot$ ⬜

$14 =$ ⬜ $\cdot$ ⬜

$7 =$ ⬜ $\cdot$ ⬜

$0 =$ ⬜ $\cdot$ ⬜

③

$0 : 7 =$ ⬜

$7 : 7 =$ ⬜

$14 : 7 =$ ⬜

$21 : 7 =$ ⬜

$28 : 7 =$ ⬜

$35 : 7 =$ ⬜

$42 : 7 =$ ⬜

$49 : 7 =$ ⬜

$56 : 7 =$ ⬜

$63 : 7 =$ ⬜

$70 : 7 =$ ⬜

④

⬜ $\cdot 7 = 14$

⬜ $\cdot 7 = 21$

⬜ $\cdot 7 = 35$

⬜ $\cdot 7 = 28$

⬜ $\cdot 7 = 42$

⬜ $\cdot 7 = 70$

⬜ $\cdot 7 = 63$

⬜ $\cdot 7 = 56$

⬜ $\cdot 7 = 49$

⬜ $\cdot 7 = 7$

⬜ $\cdot 7 = 0$

⑤

    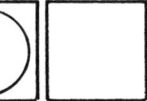 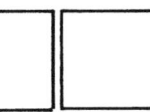 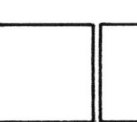 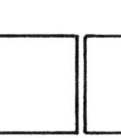 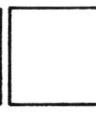

①

· 5	
2	
4	
	15
8	
	30

②

· 8	
6	
	24
7	
	40
	64

③

· 3	
	9
6	
	21
4	
	27

④

· 7	
7	
	56
5	
	63
6	

⑤

: 2	
18	
	4
	7
10	
	12

⑥

: 6	
48	
	9
30	
	6
18	

⑦

: 9	
	8
45	
	7
36	
	9

⑧

: 4	
24	
	8
36	
	1
28	

①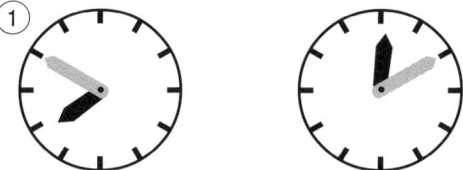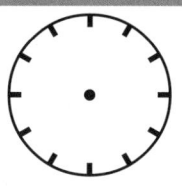

9.20 Uhr

22.40 Uhr

_____

② **Jetzt ist es 14.30 Uhr.**

In 20 min ist es _____ Uhr.   Vor 5 h war es _____ Uhr.

In 35 min ist es _____ Uhr.   Vor 8 h 15 min war es _____ Uhr.

③ 25 min + ▢ min = 1 h   ④ 18.00 Uhr ── 4 h 30 min ──▶ ▢ Uhr

  8 min + ▢ min = 1 h   13.50 Uhr ── ▢ h ──▶ 21.50 Uhr

42 min + ▢ min = 1 h   ▢ Uhr ── 6 h 45 min ──▶ 14.45 Uhr

⑤ 48 : 8 = ▢ , denn ▢ · 8 = 48   ⑥ 35 : 5 = ▢ , denn ▢ · 5 = ▢

24 : 4 = ▢ , denn ▢ · 4 = ▢   80 : 10 = ▢ , denn ▢ · 10 = ▢

12 : 2 = ▢ , denn ▢ · 2 = ▢   7 : 1 = ▢ , denn ▢ · 1 = ▢

①

+	38	39	15	64
26				
27				
18				
19				

②

−	48	47	56	13
95				
94				
81				
82				

③

·	4	5	3	7
4				
5				
7				
8				

④

:	2	4	6	7
8				
12				
24				
36				

8er-Reihe

Löse mithilfe der Umkehraufgabe.

① ▢ · 3 = 15   15 : 3 = ▢

③ ▢ − 52 = 28   28 + 52 = ▢

   ▢ · 7 = 42   42 : 7 = ▢

   ▢ − 37 = 49   49 + 37 = ▢

   ▢ · 5 = 40   _____

   ▢ − 44 = 17   _____

   ▢ · 2 = 18   _____

   ▢ − 19 = 79   _____

② 4 · ▢ = 28   _____

④ ▢ + 45 = 92   92 − 45 = ▢

   9 · ▢ = 54   _____

   ▢ + 38 = 85   _____

   6 · ▢ = 30   _____

   ▢ + 22 = 71   _____

  10 · ▢ = 100   _____

   ▢ + 53 = 91   _____

⑤

   : 9   + 35   − 38   · 8

▢ ⇄ ▢ ⇄ ▢ ⇄ ▢ ⇄ 40

① 40 > 9 · ☐

☐ = 0, 1, _____

② 42 + ☐ < 49

☐ = _____

③ 68 < 77 − ☐

☐ = _____

35 > 5 · ☐

☐ = _____

85 + ☐ < 91

☐ = _____

7 < 14 − ☐

☐ = _____

30 > 8 · ☐

☐ = _____

57 + ☐ < 62

☐ = _____

89 < 95 − ☐

☐ = _____

25 > 4 · ☐

☐ = _____

16 + ☐ < 25

☐ = _____

52 < 60 − ☐

☐ = _____

20 > 3 · ☐

☐ = _____

29 + ☐ < 33

☐ = _____

44 < 51 − ☐

☐ = _____

Zeichne die Beträge.

① Mit 4 Scheinen

60 €

② Mit 3 Scheinen und 3 Münzen

45 €

③ Mit 4 Scheinen und 2 Münzen

24 €

④ Mit 2 Scheinen und 3 Münzen

10 € 50 ct

⑤ Mit 3 Scheinen und 3 Münzen

15 € 70 ct

⑥ Mit 4 Scheinen und 4 Münzen

50 € 45 ct

⑦ Mit 5 Scheinen und 2 Münzen

26 €

⑧ Mit 3 Scheinen und 3 Münzen

32 €

⑨ Mit 8 Münzen

4 €

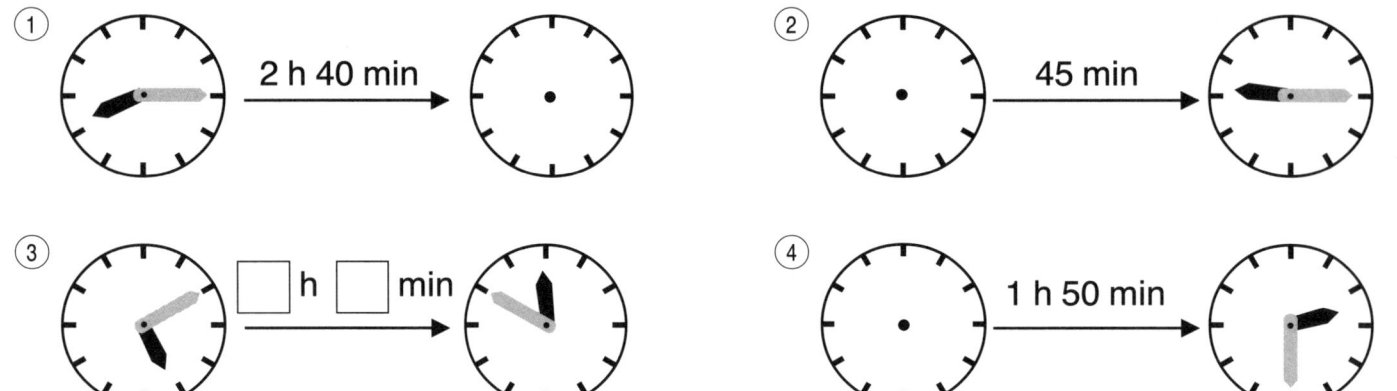

① 2 h 40 min

② 45 min

③ ☐ h ☐ min

④ 1 h 50 min

Welche Zahl passt nicht in die Einmaleinsreihe? Streiche sie durch.

⑤ 8 | 32 | 23 | 16 | 24 | 64

⑥ 36 | 9 | 45 | 28 | 72 | 54

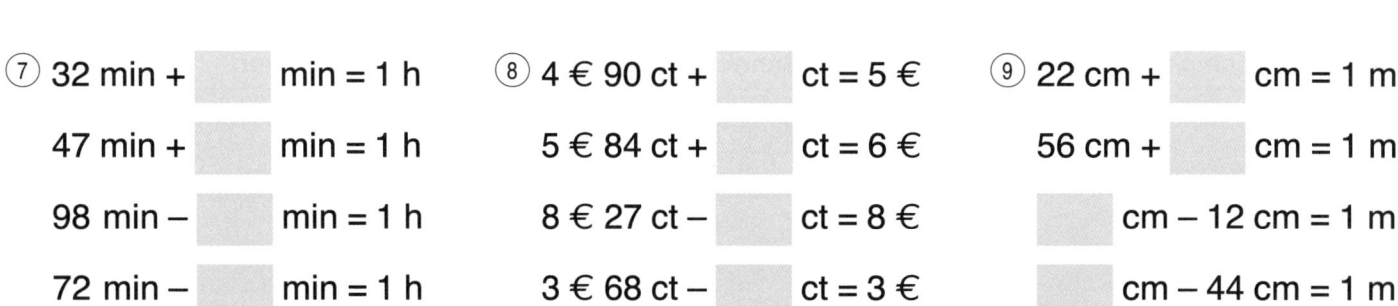

⑦ 32 min + ☐ min = 1 h
47 min + ☐ min = 1 h
98 min − ☐ min = 1 h
72 min − ☐ min = 1 h

⑧ 4 € 90 ct + ☐ ct = 5 €
5 € 84 ct + ☐ ct = 6 €
8 € 27 ct − ☐ ct = 8 €
3 € 68 ct − ☐ ct = 3 €

⑨ 22 cm + ☐ cm = 1 m
56 cm + ☐ cm = 1 m
☐ cm − 12 cm = 1 m
☐ cm − 44 cm = 1 m

①

13 : 7 = ⬜ R ⬜   1 · 7 = 7   7 + 6 = ⬜

14 : 7 = ⬜   _____

15 : 7 = ⬜ R ⬜   _____

16 : 7 = ⬜ R ⬜   _____

_____   _____

_____   _____

②

29 : 3 = ⬜ R ⬜   _____

27 : 3 = ⬜   _____

25 : 3 = ⬜ R ⬜   _____

_____   _____

_____   _____

③

24 : 2 = ⬜   _____

21 : 2 = ⬜ R ⬜   _____

18 : 2 = ⬜   _____

_____   _____

_____   _____

④

5 : 8 = ⬜ R ⬜   _____

10 : 8 = ⬜ R ⬜   _____

15 : 8 = ⬜ R ⬜   _____

_____   _____

_____   _____

① 27 + 13 = ▢   ② 51 − 22 = ▢   ③ 72 + 16 = ▢   ④ 88 − 72 = ▢

   28 + 14 = ▢   50 − 23 = ▢   60 + 17 = ▢   77 − 62 = ▢

   29 + 15 = ▢   49 − 24 = ▢   48 + 18 = ▢   66 − 52 = ▢

   _____   _____   _____   _____

   _____   _____   _____   _____

   _____   _____   _____   _____

   _____   _____   _____   _____

⑤ 2 · 8 = ▢   8 · 2 = ▢   ⑥ 45 : 9 = ▢   ▢ · 9 = 45

   3 · 8 = ▢   8 · 3 = ▢   46 : 9 = ▢ R ▢   ▢ · 9 = 45   45 + 1 = 46

   3 · 3 = ▢   _____   48 : 6 = ▢   _____

   4 · 3 = ▢   _____   49 : 6 = ▢ R ▢   _____

   6 · 7 = ▢   _____   63 : 7 = ▢   _____

   7 · 7 = ▢   _____   62 : 7 = ▢ R ▢   _____

T	K	C	L	A	I	N	H	R	E	S	G	M	F	!
3	4	6	7	8	9	12	15	18	24	36	49	54	64	100

① $3 \cdot 3 =$ 　　　　⑦ $3 \cdot 4 =$ 　　　　⑬ $6 \cdot 9 =$ 　　　　㉑ $49 - 25 =$

② $42 : 7 =$ 　　　　⑧ $7 \cdot 7 =$ 　　　　⑭ $18 + 18 =$ 　　　　㉒ $24 : 2 =$

③ $5 \cdot 3 =$ 　　　　⑨ $4 \cdot 6 =$ 　　　　⑮ $48 : 8 =$ 　　　　㉓ $56 : 8 =$

④ $32 : 8 =$ 　　　　⑩ $61 - 46 =$ 　　　　⑯ $6 + 9 =$ 　　　　㉔ $94 - 70 =$

⑤ $24 : 3 =$ 　　　　⑪ $12 + 12 =$ 　　　　⑰ $3 \cdot 6 =$ 　　　　㉕ $4 \cdot 9 =$

⑥ $2 \cdot 6 =$ 　　　　⑫ $54 : 6 =$ 　　　　⑱ $92 - 83 =$ 　　　　㉖ $48 : 2 =$

⑲ $8 \cdot 8 =$ 　　　　㉗ $1 + 11 =$

⑳ $27 : 9 =$ 　　　　㉘ $20 \cdot 5 =$

①	②	③

④	⑤	⑥	⑦

⑧	⑨	⑩	⑪	⑫	⑬	⑭	⑮	⑯	⑰	⑱	⑲	⑳	㉑	㉒

㉓	㉔	㉕	㉖	㉗

㉘

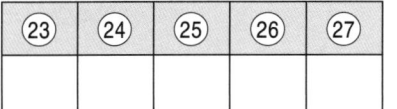

①

·	4	7	9
4			
	12		
		35	
			72

②

−	25	31	57
			18
		43	
	36		
85			

③

:	2	6	8
24			
	9		
		6	
			5

④

+	29	36	50
			50
		99	
	88		
34			

⑤ 47 : 6 = ▮ R ▮

35 : 4 = ▮ R ▮

85 : 8 = ▮ R ▮

⑥ 99 : 10 = ▮ R ▮ K: _____

44 : 5 = ▮ R ▮ K: _____

37 : 7 = ▮ R ▮ K: _____

⑦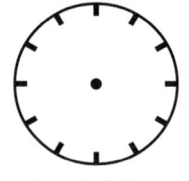

_____   _____   _____   0.05 Uhr

_____   _____   21.55 Uhr   _____

⑧ 29 → + 35 → ▯ → : 8 → ▯ → · 7 → ▯ → − 29 → ▯ → ◯ → 3